Bibliothek der Mediengestaltung

Konzeption, Gestaltung, Technik und Produktion von Digital- und Printmedien sind die zentralen Themen der Bibliothek der Mediengestaltung, einer Weiterentwicklung des Standardwerks Kompendium der Mediengestaltung, das in seiner 6. Auflage auf mehr als 2.700 Seiten angewachsen ist. Um den Stoff, der die Rahmenpläne und Studienordnungen sowie die Prüfungsanforderungen der Ausbildungs- und Studiengänge berücksichtigt, in handlichem Format vorzulegen, haben die Autoren die Themen der Mediengestaltung in Anlehnung an das Kompendium der Mediengestaltung neu aufgeteilt und thematisch gezielt aufbereitet. Die kompakten Bände der Reihe ermöglichen damit den schnellen Zugriff auf die Teilgebiete der Mediengestaltung.

Weitere Bände in der Reihe: http://www.springer.com/series/15546

Peter Bühler
Patrick Schlaich
Dominik Sinner

Printdesign

Entwurf – Layout – Printmedien

 Springer Vieweg

Peter Bühler
Affalterbach, Deutschland

Dominik Sinner
Konstanz-Dettingen, Deutschland

Patrick Schlaich
Kippenheim, Deutschland

ISSN 2520-1050   ISSN 2520-1069 (electronic)
Bibliothek der Mediengestaltung
ISBN 978-3-662-54608-6   ISBN 978-3-662-54609-3 (eBook)
https://doi.org/10.1007/978-3-662-54609-3

Die Deutsche Nationalbibliothek verzeichnet diese Publikation in der Deutschen Nationalbibliografie; detaillierte
bibliografische Daten sind im Internet über http://dnb.d-nb.de abrufbar.

Springer Vieweg
© Springer-Verlag GmbH Deutschland 2018
Gedruckt auf säurefreiem und chlorfrei gebleichtem Papier

Springer Vieweg ist Teil von Springer Nature
Die eingetragene Gesellschaft ist Springer-Verlag GmbH Deutschland
Die Anschrift der Gesellschaft ist: Heidelberger Platz 3, 14197 Berlin, Germany

The Next Level – aus dem Kompendium der Mediengestaltung wird die Bibliothek der Mediengestaltung.

Im Jahr 2000 ist das „Kompendium der Mediengestaltung" in der ersten Auflage erschienen. Im Laufe der Jahre stieg die Seitenzahl von anfänglich 900 auf 2700 Seiten an, so dass aus dem zunächst einbändigen Werk in der 6. Auflage vier Bände wurden. Diese Aufteilung wurde von Ihnen, liebe Leserinnen und Leser, sehr begrüßt, denn schmale Bände bieten eine Reihe von Vorteilen. Sie sind erstens leicht und kompakt und können damit viel besser in der Schule oder Hochschule eingesetzt werden. Zweitens wird durch die Aufteilung auf mehrere Bände die Aktualisierung eines Themas wesentlich einfacher, weil nicht immer das Gesamtwerk überarbeitet werden muss. Auf Veränderungen in der Medienbranche können wir somit schneller und flexibler reagieren. Und drittens lassen sich die schmalen Bände günstiger produzieren, so dass alle, die das Gesamtwerk nicht benötigen, auch einzelne Themenbände erwerben können. Deshalb haben wir das Kompendium modularisiert und in eine Bibliothek der Mediengestaltung mit 26 Bänden aufgeteilt. So entstehen schlanke Bände, die direkt im Unterricht eingesetzt oder zum Selbststudium genutzt werden können.

Bei der Auswahl und Aufteilung der Themen haben wir uns – wie beim Kompendium auch – an den Rahmenplänen, Studienordnungen und Prüfungsanforderungen der Ausbildungs- und Studiengänge der Medienengestaltung orientiert. Eine Übersicht über die 26 Bände der Bibliothek der Mediengestaltung finden Sie auf der rechten Seite. Wie Sie sehen, ist jedem Band eine Leitfarbe zugeordnet, so dass Sie bereits am Umschlag erkennen, welchen Band Sie in der Hand halten. Die Bibliothek der Mediengestaltung richtet sich an alle, die eine Ausbildung oder ein Studium im Bereich der Digital- und Printmedien absolvieren oder die bereits in dieser Branche tätig sind und sich fortbilden möchten. Weiterhin richtet sich die Bibliothek der Mediengestaltung auch an alle, die sich in ihrer Freizeit mit der professionellen Gestaltung und Produktion digitaler oder gedruckter Medien beschäftigen. Zur Vertiefung oder Prüfungsvorbereitung enthält jeder Band zahlreiche Übungsaufgaben mit ausführlichen Lösungen. Zur gezielten Suche finden Sie im Anhang ein Stichwortverzeichnis.

Ein herzliches Dankeschön geht an Herrn Engesser und sein Team des Verlags Springer Vieweg für die Unterstützung und Begleitung dieses großen Projekts. Wir bedanken uns bei unserem Kollegen Joachim Böhringer, der nun im wohlverdienten Ruhestand ist, für die vielen Jahre der tollen Zusammenarbeit. Ein großes Dankeschön gebührt aber auch Ihnen, unseren Leserinnen und Lesern, die uns in den vergangenen fünfzehn Jahren immer wieder auf Fehler hingewiesen und Tipps zur weiteren Verbesserung des Kompendiums gegeben haben.

Wir sind uns sicher, dass die Bibliothek der Mediengestaltung eine zeitgemäße Fortsetzung des Kompendiums darstellt. Ihnen, unseren Leserinnen und Lesern, wünschen wir ein gutes Gelingen Ihrer Ausbildung, Ihrer Weiterbildung oder Ihres Studiums der Medienengestaltung und nicht zuletzt viel Spaß bei der Lektüre.

Heidelberg, im Frühjahr 2018
Peter Bühler
Patrick Schlaich
Dominik Sinner

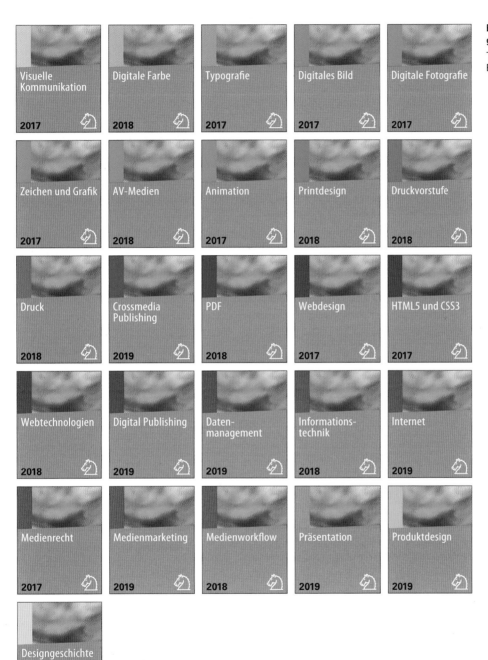

**Bibliothek der Medien-
gestaltung**
Titel und
Erscheinungsjahr

3 Seitengestaltung 36

4 Printmedien 56

1.1 Einführung

Kreativität auf Knopfdruck

Gestaltung lebt von neuen Ideen, doch wie schafft man es, im Berufsalltag stets kreativ zu sein und die passende Idee parat zu haben?

Zur Arbeit eines Gestalters gehören nun einmal Aufgaben, wie:

- Headlines formulieren,
- Flächen spannend anordnen,
- Bilder finden,
- Logos entwickeln,
- Projekte planen,
- Konzepte entwerfen oder
- Claims kreieren.

Das Abrufen von kreativen, gestalterischen, organisatorischen und technischen Leistungen muss immer dann erfolgen, wenn der Kunde es verlangt. Hierbei nehmen Kunden keine Rücksicht auf persönliche Befindlichkeiten. Sie müssen als Gestalter dann kreativ werden, wenn es die Situation von Ihnen verlangt. Dies ist Teil der beruflichen Kompetenz von Mitarbeitern in der Medienindustrie.

Um Ihre persönliche Kreativität zu entwickeln, zu erhalten und vor allem bei Bedarf zu aktivieren, ist es notwendig, individuelle Kreativitätskompetenzen so zu entwickeln, dass es möglich wird, die erforderliche Kreativität sozusagen „auf Knopfdruck" abzurufen.

Was ist eigentlich Kreativität?

Der Begriff „Kreativität" beschreibt „die Fähigkeit des Menschen, bei Problemlösevorgängen neue Lösungsmöglichkeiten zu entdecken und flexibel ungewöhnliche, aber sinnvolle Ideen in verschiedenen Lebensbereichen zu produzieren. Kreative Lösungen entstehen nicht zufällig, sondern basieren auf Erfahrungen, gelernten Informationen und der Fähigkeit, Probleme zu erkennen. Kreatives Denken unterscheidet sich wesentlich von sonstigen Pro-

blemlösetechniken und ist nur wenig von der Intelligenz eines Menschen abhängig. Kreative Menschen zeichnen sich durch die Fähigkeit aus, nicht zueinander gehörende Zusammenhänge zu verbinden, sich von Konventionen (Herkömmlichem) freizumachen und den Gruppendruck zu ignorieren." (Universität Hamburg, Institut für Deutsche Gebärdensprache und Kommunikation)

Kreativität im Alltag

In „normalen" gesellschaftlichen Gesprächen und Diskussionen ist es schwierig, kreativ zu sein. In der Regel wird jeder Teilnehmer sein gewohntes Rollenverhalten einnehmen oder die Rolle spielen, die von ihm erwartet wird. Üblicherweise wird es so kaum zu einem ungehemmten Gedankenaustausch kommen. Das Rollenverständnis Chef – Angestellter, Lehrer – Schüler, Kreativdirektor – Mediengestalter ist durch gesellschaftliche und betriebliche Normen aller Art unbewusst festgeschrieben. Grundsätze, wie „Der Chef hat immer Recht" oder „Widersprich nie dem Lehrer" behindern bei Kreativsitzungen meist die Ideenfindung.

Da kaum jemand das traditionelle Rollenverhalten innerhalb von wenigen Minuten ablegen kann, bedarf es eines gewissen Trainings, bis man in Kreativteams abseits des Normverhaltens gemeinsam zu brauchbaren Ergebnissen gelangt.

Das Arbeiten mittels Kreativitätstechniken kann bei einer Kreativsitzung helfen. Kreativitätstechniken greifen nicht auf traditionelle oder normierte Verhaltensmuster zurück, sondern nutzen intuitiv und ungerichtet Assoziationen, Analogien, Varianten und Abstraktionen – wenn sich die einzelnen Teammitglieder darauf einlassen und darin geübt sind.

© Springer-Verlag GmbH Deutschland 2018
P. Bühler, P. Schlaich, D. Sinner, *Printdesign*, Bibliothek der Mediengestaltung, https://doi.org/10.1007/978-3-662-54609-3_1

1.2 Ideenfindung

1.2.1 Kreativitätsumgebung

Am Anfang steht das Briefing des Kunden, oftmals noch wenig klar und nicht zielgerichtet formuliert. In den meisten Briefings finden sich hinsichtlich der Kreativitätsentwicklung zwei Arten von Informationen:

- Informationen, die den kreativen Spielraum eines Teams einschränken.
- Informationen, die den kreativen Spielraum eines Teams erweitern und die Fantasie möglicherweise anregen.

Mögliche Einschränkungen für Kreativität:

- Kostenrahmen (Budgetvorgaben)
- Konkrete Ideen, Vorgaben und Wünsche des Kunden
- Vorgaben durch ein bestehendes Corporate Design
- Rechtliche Vorschriften (z. B. durch das Urheberrecht oder das Markenrecht)
- Bestehende Produkteigenschaften oder Produktinformationen
- Konkurrenzsituation
- Marktdaten
- Bereits vorangegangene oder verworfene Konzepte
- Vorgegeben Zielgruppe
- Zeitvorgaben

Mögliche Anregungen für Kreativität:

- Ursachen einer Maßnahme
- Ziele einer Maßnahme
- Mehrwert für den Kunden
- Gewährte Freiheiten
- Offenheit für Veränderungen

Räumlichkeiten

Um tatsächlich kreativ arbeiten zu können, muss die Arbeitsumgebung und die Ausrüstung mit geeigneten Arbeitsmaterialien gesichert und vorbereitet sein. Ideal sind entsprechende Räumlichkeiten mit runden Besprechungstischen, an denen keine hierarchischen Situationen entstehen – in einem Kreativteam zur Ideenfindung und Konzeptionsentwicklung sind grundsätzlich alle Teammitglieder gleichberechtigt – das muss durch die entsprechend hierarchiefreie Sitzanordnung auch optisch deutlich werden.

Materialien des Besprechungsraumes

- Analoge Medien (Papier, Stifte) zum Protokollieren und Visualisieren von Ideen
- Keine Rechner oder Handys
- Keine Musik (Hintergrundmusik?)
- Getränke
- Gummibärchen … ?

Briefing: Die Agentur erhält vom Kunden eine Zusammenfassung der sachlichen Aufgabenstellung.

Kreativitätsumgebung

Meist schränken Randbedingungen die Kreativität ein und behindern die Ideenfindung.

1.2.2 Ideenkiller

Jede Idee ist eine gute Idee!
Kreativteams müssen sich für ihre
Arbeit Regeln geben. Die Wichtigste
ist im Prinzip einfach, aber anfangs
schwer umsetzbar: Ideenkiller sind nicht
zulässig! Angefangen vom verzogenen
Mundwinkel bis hin zur nervenden
Bemerkung ist alles geeignet, um wach-
senden und sich entwickelnden Ideen
zu Beginn ihres Kreativlebens sofort
den Todesstoß zu versetzen.

Verbannen Sie daher alle negativen
verbalen und nonverbalen Bemerkungen und Handlungen, da sie we-
der effektiv noch zielführend sind. So
kann nichts Kreatives und Produktives
entstehen, da sich jeder hütet, etwas
Falsches zu formulieren, wenn er für
eine „vermeintlich seltsame Idee" sofort
heftig angegangen wird.

Beispiele für Killerphrasen:
- Daraus wird nie was.
- Das funktioniert nie.
- Bei uns ist alles ganz anders.
- Das ist doch albern.
- Auf Ihre Idee können wir später noch-
  mals zurückkommen.
- Die Idee würde unser Kunde niemals
  akzeptieren.
- Was soll denn daran originell sein?
- Damit kann ja jeder kommen!
- Das haben wir doch alles schon ver-
  sucht.
- Das ist doch alles Theorie, in der Pra-
  xis sieht das ganz anders aus.
- Alles viel zu teuer.
- Mit dem Vorschlag machen wir uns
  doch lächerlich.
- Das ist gegen die Vorschriften.
- Zu altmodisch...
- Zu modern...
- Zu kompliziert...
- Meine Meinung steht eh schon fest.

Ideenkiller sind auch im Kopf
„Meine Idee funktioniert so nicht"– für
sich leise im Kopf gedacht ist einer der
folgenreichsten persönlichen Ideenkiller, da damit eine vielleicht geniale Idee
überhaupt nicht formuliert, ausgespro-
chen oder gescribbelt wird. Wichtig
ist daher für jedes Mitglied in einem
Kreativteam zu wissen: Gute, zündende
Ideen sind am Anfang immer unvoll-
ständig formuliert. Die ersten Formu-
lierungen für eine Konzeption, eine Werbebotschaft oder eine Gestaltungsidee
sind selten ausgereift. Ein Kreativteam
muss sich daher so weit selbst diszipli-
nieren und erziehen, dass auch völlig
absurd erscheinende Ideen von jedem
im Team vorgetragen werden können,
ohne dass Teammitglieder diese Ideen
verbal oder mimisch kommentieren.

1.2.3 Ideen entwickeln

Je mehr Sie sich mit einem Produkt
auseinandersetzen, es analysieren,
es aus allen Perspektiven betrachten
und damit gedanklich und real spielen,
desto müheloser fließen gute, anre-
gende und hochwertige Ideen.

Am besten ist es, wenn Kreative das
Produkt oder die Dienstleistung, für
die sie Werbung entwickeln sollen, mit
allen Sinnen erleben. Ideal ist, wenn
das Produkt bei einem Auftaktmeeting
gleich mitgebracht wird (was nicht
immer klappt) oder sie besuchen den
Kunden und sein Produkt bzw. seine
Dienstleistung. Ist dies nicht möglich,
helfen Videos, Bilder oder andere Medien, die Auseinandersetzung mit dem
Produkt anzuregen und dadurch die
Ideenfindung zu fördern.

Zielformulierungen
Eine Zielformulierung reduziert ein
komplexes Briefing auf eine klare

strategische Formel. Damit ist sichergestellt, dass alle Teammitglieder das gleiche Ziel verfolgen und dass der Kunde am Ende eines Prozesses Kommunikationsideen mit einer klaren Werbebotschaft erhält. Eine Zielformulierung beschreibt einen Zustand in der Zukunft, auf den hingearbeitet wird.

Die gefundene Zielformulierung muss während der Kreativphase gut sichtbar platziert werden: Sie schränkt nicht ein, sondern leitet wie ein Fixstern zu einem definierten Ziel – das anvisierte Ziel geht dann nicht verloren.

Die Zielgruppe muss durch das Briefing möglichst klar definiert werden. Eine Zielgruppe im Briefing mit „alle" anzugeben, bedeutet, dass niemand angesprochen wird. Wer in einem Briefing alles betont und für wichtig hält, betont nichts. Vier Beispiele für Zielformulierungen bei Gestaltungsaufträgen:

- Die Anzeigenserie zeigt, dass das neue Hundefutter das beste ist, das es am Markt gibt.
- Der Werbeclip stellt witzig und provokant dar, dass das neue Handy sehr robust ist.
- Die Mailingaktion für einen Elektrogroßhandel ist so gestaltet, dass die Werbebotschaft in Form eines Spiels vermittelt wird.
- 40 % der Zielgruppe kennen die Vorteile des neuen Staubsaugers.

Um die obigen Zielformulierungen zu bearbeiten, sind allerdings noch einige „Spielregeln" für Kreativteams unbedingt zu beachten und anzuwenden.

Spielregeln

Entwickeln Sie eine Kultur, die Fehlverhalten anspricht – setzen Sie ab und zu einen Mitarbeiter im Meeting ein, um Ideenkiller zu dokumentieren. Wenn diese einmal benannt wurden, sind sie bekannt und lösen ein Schmunzeln oder sogar Heiterkeit aus, da jedem klar ist, dass ein „Foul" begangen wurde.

Verbieten Sie durch Ihre Spielregeln im Kreativteam in der Anfangsphase eines Projektes kritische Bemerkungen zu einer Idee. Wenn im späteren Verlauf des Kreativprozesses Kritik an einer Idee angebracht werden muss (und das ist irgendwann einmal zwingend notwendig), dann müssen vom Kritiker z. B. auch positive Anmerkungen zur kritisierten Idee genannt werden.

Ideen visualisieren

Scribbles sind neben dem Schreiben von Stichwörtern ein wesentliches Kommunikationsmittel, um persönliche Vorstellungen und Ideen sichtbar und verständlich darzustellen. Hier helfen ein paar Striche, um eine Idee zum Leben zu erwecken. Scribbles ermöglichen einer Werbeidee, „den Kopf zu verlassen", sie geben der Idee eine Form und damit die Möglichkeit, andere zu begeistern und sie in einem späteren Schritt Realität werden zu lassen.

Mediendesigner sind zu einem sehr hohen Prozentsatz visuell wahrnehmende Personen mit ausgeprägtem, bildhaftem Vorstellungsvermögen. Selbst einfachste Scribbles verstärken bei visuell agierenden Menschen die innere Bildassoziation und führen häufig zu weiteren ausbaufähigen Ideen. Scribbles vermeiden das frühe „Aus" einer nicht sofort verstandenen Idee.

Scribble

Visualisierungen unterstützen den Kreativitätsprozess.

1.3 Kreativitätstechniken

Nach Auftragseingang und dazugehörendem Briefing müssen Kreative aktiv werden. Kreativitätstechniken, die „Kreativität auf Knopfdruck" ermöglichen, sind dabei nützlich. Diese Techniken lassen uns chaotisch denken und von gewohnten Pfaden abweichen. Hier sollen nur einige Methoden exemplarisch beschrieben werden.

1.3.1 Mindmapping

Um ein Projekt zu starten, eignet sich die Mindmap, um erste Gedanken und Ideen zum Projekt festzuhalten und zu strukturieren. Es handelt sich hierbei um eine einfache grafische Darstellung der Gedanken zum geplanten Projekt, die es erlaubt, auf eine übersichtliche grafische Art und Weise Strukturen darzustellen. Die Mindmap führt dann zu den konkreten Kreativitätstechniken wie z. B. Brainstorming und Brainwriting, die beide gut geeignet sind zur Ideenfindung und um kreative Problemlösungen zu entwickeln. Die Methode wurde in den 70er Jahren von dem Engländer Tony Buzan entwickelt.

Making of ...

1 Nehmen Sie ein Blatt (min. A4) im Querformat.

2 Schreiben Sie das Thema **A** in die Mitte des Blattes.

3 Notieren Sie Schlüsselwörter **B** (keine Sätze) als Hauptäste und verbinden diese mit dem Thema.

4 Untergliedern Sie die Hauptäste in Zweige **C** und verbinden diese mit dem Hauptast.

5 Untergliedern Sie bei Bedarf nochmals **D**.

6 Sie können auch Farben, Bilder und Grafiken einsetzen.

1.3.2 Brainstorming

Brainstorming eignet sich für einfache Fragestellungen, bei denen eine große Anzahl und Streuung an Ideen erwünscht ist.

Mindmap

Methode zur strukturierten Darstellung von Ideen

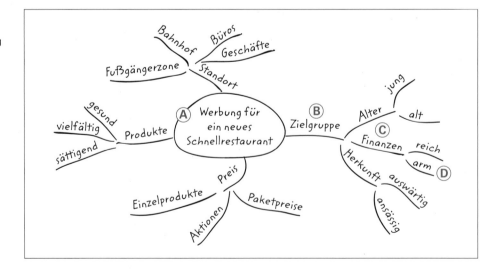

6

Anwendung
- Schnelle Ideenfindung
- Problemlösung

Ausrüstung
- Medium zum Protokollieren und Visualisieren der Ideen

Regeln
- Alle Ideen sind erlaubt – je fantastischer, umso besser.
- Kritik und Wertung sind verboten.
- Kommentare sind verboten.
- Jede Idee ist eine Leistung der Gruppe.
- Jeder soll so viel Ideen wie möglich entwickeln („Quantität vor Qualität").
- Jeder soll seine Ideen schnell und ungehemmt formulieren.

Making of ...

1　Der Initiator des Brainstormings formuliert das Thema als aktive Frage. Entweder als enge Fragestellung, z.B. „Wie können junge Menschen motiviert werden in ein Theater zu gehen?" oder als freie Frage z.B. „Womit lassen sich junge Menschen zu etwas motivieren?".

2　Die Gruppe assoziiert frei.

3　Alle Beiträge werden protokolliert.

Auswertung
Bei der anschließenden Auswertung ist erstmals Kritik erlaubt. Die gesammelten Ideen werden in der Gruppe nach drei Kriterien gegliedert:
- Realisierbare Ideen
- Ideen, die nach einer Bearbeitung realisiert werden können
- Nicht oder nur schwer realisierbare Ideen

1.3.3　6-3-5-Methode

Die 6-3-5-Methode ist die bekannteste Technik des Brainwritings. Vorteile dieser Methode sind:
- Alle Teilnehmer müssen aktiv werden.
- Alle Teilnehmer können in Ruhe selbst überlegen.
- Alle Teilnehmer lassen sich durch die Ideen der anderen anregen.
- Alle Ideen werden dabei dokumentiert.

Anwendung
- Strukturierte Ideenfindung
- Problemlösung

Ausrüstung
- Formblätter
- Stifte

Making of ...

1　Der Leiter des Brainwritings bereitet Formblätter mit der Fragestellung **A** vor.

2　6 Teilnehmer schreiben 3 Lösungsvorschläge in 5 Minuten auf ein Formblatt.

6-3-5-Methode
Formblatt zur Durchführung der 6-3-5-Methode

635	Fragestellung Ⓐ		
	1. Idee	2. Idee	3. Idee
Teilnehmer 1			
Teilnehmer 2			
Teilnehmer 3			
Teilnehmer 4			
Teilnehmer 5			
Teilnehmer 6			

3 Jeder gibt sein Formblatt an seinen Nachbarn weiter.

4 Der Nachbar entwickelt die Idee weiter oder schreibt eine völlig neue Idee auf.

Nachdem jeder jedes Formular bearbeitet hat, ergeben sich bei 6 Teilnehmern 108 Vorschläge.
Natürlich kann die Teilnehmerzahl, die Bearbeitungszeit und die Zahl der geforderten Lösungen pro Runde auch variiert werden.

1.3.4 Morphologische Matrix

„Morphologie" bezeichnet die Entwicklung von Form, Gestalt und Struktur bzw. deren Veränderungen.
Die morphologische Matrix (auch „morphologischer Kasten" genannt) ist eine systematische, analytische Kreativitätstechnik, die nach dem Schweizer Astrophysiker Fritz Zwicky auch als „Zwicky-Box" bezeichnet wird.

Anwendung
- Strukturierte Ideenfindung
- Neukombination von Ideen
- Problemlösung (auch visuell)

Ausrüstung
- Formblätter
- Stifte

Making of ...

1 Parameter werden festgelegt, die die Merkmale **A** des Problemfeldes benennen, diese werden untereinander, als Zeilentitel, geschrieben. Die Verwertbarkeit der Ergebnisse ist stark von der Auswahl dieser Merkmale abhängig.

2 Die möglichen Ausprägungen der gewählten Merkmale werden rechts daneben in die Zeilen **B** geschrieben oder gezeichnet.

So entsteht eine Matrix, in der jede Kombination von Ausprägungen aller Merkmale eine theoretisch mögliche Lösung ist.
Die Ausprägungen können, z. B. bei der Logogestaltung, auch aus Skizzen bestehen. Nun wird eine Kombination von Ausprägungen ausgewählt. Dieser Auswahlprozess kann auch mehrmals durchgeführt werden.
Eine morphologische Matrix kann in Einzelarbeit oder in einer kleinen Gruppe durchgeführt werden.

Morphologische Matrix

Beispiel einer Logoentwicklung für den Friseursalon „Cut" in Bayern

Merkmale	Ideen/Visualisierungen				
(A) Name	(B) Cut!	cut	CUT	cut	Cut
Ort					
Tätigkeit					

1.4 Scribbles

1.4.1 Ideenvisualisierung

Alle kreativen Berufe scribbeln – irgendwie. Üblicherweise läuft das so ab: Man bespricht die Konzeption eines Auftrages, stellt Bild, Text und Grafikvorlagen vor, die bereits existieren. Man diskutiert Ideen und Vorstellungen, wie ein Auftrag aussehen und entwickelt werden könnte. Ein kreativer Mensch ist bei solchen Gesprächen oft schon am scribbeln – er visualisiert erste Gedanken und Ideen als Skizzen, die von Hand erstellt werden. Derartige Skizzen sind nichts weiter als das Festhalten von Ideen, die später weiter ausgearbeitet und verfeinert werden.

Scribbles
Beispiel für einen Plakatentwurf

Maximale Kreativität

Die maximale Kreativität kann sich nur in einer Handskizze entfalten. Uneingeschränkte Kreativität ist nur ohne Computerunterstützung möglich. Ansonsten schränken viele Faktoren die Kreativität ein, hier einige Beispiele:

- Die Umsetzung dominiert das Handeln, wenn man nicht gleich weiß, wie die Idee umgesetzt werden kann, ist die Versuchung groß, die Idee zu verwerfen.
- Es werden nur Schriften in Erwägung gezogen, die installiert sind oder bekannt sind.
- Strichstärken, Farben und Formate müssen bereits definiert werden, ehe man anfangen kann. Man geht dadurch viel zu schnell ins Detail und verliert effektiv Zeit.

Ideen visualisieren

Interessante Ideen entstehen oft spontan, während eines Gespräches über Projekte, Aufträge, beim Nachdenken in der Freizeit oder abends vor dem Einschlafen – in jedem Fall besteht die Notwendigkeit des Festhaltens der Idee als Grundlage für nachfolgende Kommunikationsschritte. Für das manuelle Visualisieren einer Idee sprechen mehrere Gründe:

- Aus einer Idee, einem Geistesblitz wird eine sichtbare Idee, für die Sie auch andere begeistern können.
- Das Entwickeln und das Festhalten von Ideen verhindert, dass gute Ideen verloren gehen.
- Scribbles sind Diskussionsgrundlagen und führen zu weiteren Ideen.
- Visualisierte Ideen ermöglichen eine Vorauswahl, um einige wenige herausragende herauszufiltern und weiterzuentwickeln.

Copic-Marker
Diese Stifte verfügen über eine Keilspitze und eine feine Strichspitze, so dass man mit einem Stift verschiedene Strichbreiten darstellen kann.

9

1.4.2 Scribbletechnik

Scribbeln geht immer – auf einer Serviette, einer Tischdecke, auf einem Skizzenblock oder am Sandstrand. Wichtig ist, dass eine spontane Idee zu einem Problem, das gerade ansteht, festgehalten wird. Mit welchem „Arbeitsgerät" dies erstmals geschieht, ist weniger wichtig. Eine Idee aufzuzeichnen geht mit allem, was zum Schreiben übli-

cherweise zur Verfügung steht. Soll aus dem Rohscribble eine professionellere Darstellung werden, dann sind entsprechende Arbeitswerkzeuge angebracht, damit die Ergebnisse überzeugend werden.

Text

Um größere Textmengen schnell darzustellen, hat sich das Skizzieren in Strichmanier bewährt. Dazu wird die vorgesehene Zeilenanzahl als mehr oder weniger starke Linie an die Stelle des Seitenformates gesetzt, an der in der späteren Produktion der geplante Text steht.

Im Beispiel unten ist diese Skizziertechnik dargestellt. Die Wirkung ist sicherlich etwas unruhig, aber in einer Skizze sind die geplanten Textblöcke gut erkenn- und vorstellbar. Exaktere Kanten an Textblöcken können Sie erreichen, indem Sie beim Scribbeln zusätzliche Blätter benutzen.

Entwurf und Umsetzung einer Doppelseite

Oben: Scribble
Unten: Umsetzung des Entwurfs

Making of ...

1   Nehmen Sie zwei Blätter.

2   Zeichnen Sie parallele Striche **A**, beginnen Sie dabei mit den Strichen auf dem zusätzlichen Blatt.

3   Wenn Sie das zusätzliche Blatt wegnehmen, haben Sie einen Textblock mit einer exakten Kante **B**.

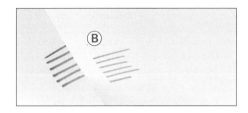

Um einen exakten Blocksatz zu erreichen, benötigen Sie noch ein drittes Blatt, auf dem die Striche dann enden.

Die Abbildung links oben zeigt Funktion und Charakter einer Skizze mit Strichmanier, darunter ist die technisch gestalterische Umsetzung nach der Skizze mit Text und Bild am Computer dargestellt.

Schriftbild

Für die Darstellung großer Schriftgrade als Headline oder bei Plakatentwürfen kann es immer wieder erforderlich sein, dass schnell ein paar große Buchstaben mit einem ordentlichen optischen Aussehen skizziert werden müssen. Dabei ist es notwendig, dass solche Scribbles professionell aussehen – insbesonders dann, wenn ein Kunde bei einem Meeting mit am Tisch sitzt.

Um diese Professionalität zu erreichen, muss geübt werden. Es ist unerlässlich, dass Sie einige Skizzierübungen mit Buchstaben durchführen. Skizzieren Sie bei Ihren Übungen das ganze Alphabet mit allen Buchstaben

und Zeichen. Beginnen Sie mit Versalien (Großbuchstaben) und skizzieren Sie, wenn Sie diese beherrschen, auch die Gemeinen (Kleinbuchstaben).

Hilfreich ist es, wenn Sie sich auf Ihrem Layout oder Ihrem Scribble feine Bleistifthilfslinien ziehen. Dies erleichtert das Skizzieren. Ziehen Sie dazu Hilfslinien für die Schriftlinie, Mittel-, Ober- und Unterlänge.

Gescribbelte Buchstaben müssen nicht exakt der später verwendeten Schrift entsprechen – aber es ist hilfreich, wenn Ihr Gesprächspartner erkennt, ob eine serifenlose Schrift oder eine Schrift mit ausgeprägten Serifen in einem Auftrag verwendet werden soll. Genaue Angaben, ggf. ein Schriftmuster, erhält der Kunde später.

Bilder

Zu Beginn einer Entwurfsphase werden Ideen flüchtig mit Bleistift visualisiert. Diese Scribbles haben keinen Anspruch auf eine hohe gestalterische Qualität. Es geht um visualisierte Anregungen, Gestaltungsideen und damit Vorschläge zur Umsetzung eines vorhandenen Auftrages.

In der Abbildung sehen Sie eine Serie solcher Ideenskizzen, die für einen Reiseprospekt über die Stadt New York gescribbelt wurden. Die Bilder sind nur grob zu erkennen, teilweise sind die

Versalien: Großbuchstaben

Scribbeln
Ideenskizzen visualisieren Position und Größe von Text und Bildern.

11

Bilder nur durch ein Rechteck mit einem Kreuz dargestellt.

Ist eine geeignete Skizze dabei, dann werden davon detaillierte Entwürfe angelegt. Es werden jetzt bereits einige Details festgelegt, die sich für einen Auftrag eventuell als verbindlich herausstellen können. Dies sind z. B.:

- Format
- Grundlegendes Gestaltungsprinzip
- Schriftcharakter
- Text- und Bildanordnung
- Typografisches Grundkonzept
- Headlineverwendung

Die Farbverwendung sollte grundsätzlich angedacht sein, muss in letzter Konsequenz zu diesem Zeitpunkt aber noch nicht exakt definiert werden. In welcher Darstellungsform und in welcher Qualität diese Ausarbeitung erfolgt, ist abhängig von der Auftragsabwicklung, den beteiligten Personen und deren Typografie- und Designverständnis.

Flächen

Die Flächendarstellung mit Markerstiften ist einfach, schnell und unproblematisch in der Handhabung. Es müssen aber auch hier einige handwerkliche Regeln beachtet werden.

Tragen Sie den Markerstrich bei Flächen immer in der gleichen Richtung auf **A**. Wenn Sie einen satten Farbauftrag erreichen wollen **B**, fahren Sie mit Ihrem Marker zwei oder gar drei Mal über die Fläche, aber immer in gleicher Strichrichtung. Grundsätzlich gilt, dass Sie die Strichführung am besten in der Horizontalen durchführen sollten **B**. Dies hat weniger Absätze und Farbbahnen zur Folge. Dadurch wirkt die bearbeitete Fläche ruhiger und gleichmäßiger. Eine gekreuzte Strichlage wie in Bild **C** dargestellt bringt Unruhe in Ihr Layout und verfälscht den Gesamt-

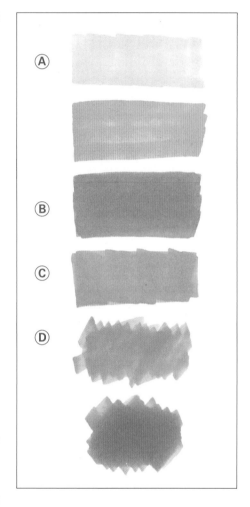

eindruck. Abbildung **D** zeigt Ihnen zwei Beispiele, wie Sie es nicht machen sollten: Die wilde Schraffur ergibt ein ungleichmäßiges Flächenbild, es entstehen Öffnungen und die Gesamtwirkung erscheint wenig qualitätsvoll und unprofessionell – allerdings geht es schneller. Aber der schnellste ist oft nicht der beste Weg. Auch hier müssen Sie üben: Erstellen Sie mit Ihren verschiedenen Markerstiften verschieden große und unterschiedlich farbige, gleichmäßige Farbflächen.

1.5 Aufgaben

1 Begriff Kreativität kennen

Erklären Sie den Begriff Kreativität und beschreiben Sie, wie kreative Lösungen entstehen.

Kreativität ist...

Kreative Lösungen...

2 Einschränkungen für Kreativität benennen

Nennen Sie vier Einschränkungen für Kreativität.

1.

2.

3.

4.

3 Anregungen für Kreativität benennen

Nennen Sie vier Anregungen für Kreativität.

1.

2.

3.

4.

4 Begriff „Ideenkiller" beschreiben

Erläutern Sie den Begriff „Ideenkiller".

5 Beispiele für „Killerphrasen" nennen

Nennen Sie einige Beispiele für Killerphrasen.

6 Zielformulierung erstellen

Erstellen Sie eine Zielformulierung für den folgenden Sachverhalt:
Eine Kfz-Werkstatt möchte, dass die Kunden mit einem Newsletter überzeugt werden, eine Winterinspektion bei ihrem Fahrzeug durchführen zu lassen.

7 Gründe für die Visualisierung von Ideen nennen

Nennen Sie drei Gründe, die für die Visualisierung von Ideen sprechen.

1.

2.

3.

8 Kreativitätstechniken benennen

Nennen Sie vier Kreativitätstechniken.

1.

2.

3.

4.

9 Mindmapping beschreiben

Beschreiben Sie, wie Mindmapping funktioniert.

10 Brainstorming erläutern

a. Zu welchem Zweck wird ein Brainstorming durchgeführt?

b. Nennen Sie drei Regeln zur Durchführung eines Brainstormings.

1.

2.

3.

11 6-3-5-Methode erläutern

Beschreiben Sie, wie die 6-3-5-Methode funktioniert.

14

12 Morphologische Matrix beschreiben

Beschreiben Sie, wie die morphologische Matrix angewendet wird.

13 Den Sinn von Entwurfstechniken verstehen

Nennen Sie Gründe dafür, warum man in der Entwurfsphase zuerst von Hand scribbeln sollte, bevor man an den Computer geht.

14 Entwurfstechniken anwenden

a. Scribbeln Sie fünf Zeilen als linksbündigen Flattersatz:

b. Scribbeln Sie fünf Zeilen als Blocksatz:

15 Entwurfstechniken anwenden

Scribbeln Sie das Wort „Entwurf" in einer serifenlosen Schrift.

2.1 Format

2.1.1 Möglichkeiten

Ein Medienprodukt hat immer eine bestimmte Größe und ein bestimmtes Format. Vor der Entwicklung eines Gestaltungsrasters müssen Sie sich für ein Produktformat entscheiden. Prinzipiell können Sie dieses frei festlegen, Sie sollten dabei jedoch eine Reihe von Punkten beachten, die für das Medienprodukt, seine Herstellung und seine Vermarktung von Bedeutung sind:

- DIN-Formate: Sie sind produktionstechnisch günstig, da die DIN-Endformate perfekt zu den Rohformaten der Druckbogen passen.
- Freie Formatverhältnisse: Durch die prinzipiell schlechteren Möglichkeiten der Rohformatausnutzung lassen sich Zusatzkosten durch mehr Papierabfall nicht vermeiden.
- Flächengestaltung: Die Formatfestlegung kann die Gestaltung erleichtern oder erschweren, je nach Art und Umfang des Inhalts.

2.1.2 Proportionen

Die meisten unserer gestalterischen Handlungen und Vorlieben sind durch die Kultur, in der wir leben, unbewusst geprägt. Kulturbeobachtungen und damit verbundenes Lernen beeinflussen – unbewusst – unser Denken und Handeln. Dabei dient uns die Natur und auch der Mensch als Maßstab.

Schlanke, große Menschen erscheinen elegant, attraktiv und dynamisch, vollschlanke Personen dagegen wirken behäbig und weniger schön. Vergleichbar ist unsere Wahrnehmung bei geschaffenen Proportionen in der Architektur, bei Kunstwerken oder bei Grafik- und Layoutentwürfen. Da unsere räumliche Wahrnehmung Bestandteil der visuellen Erziehung ist, müssen

Formatbeispiele

Prospekte der Ferienregion Tirol in verschiedenen Formaten

© Springer-Verlag GmbH Deutschland 2018
P. Bühler, P. Schlaich, D. Sinner, *Printdesign*, Bibliothek der Mediengestaltung,
https://doi.org/10.1007/978-3-662-54609-3_2

Sie sich der Wirkung von Proportionen hinsichtlich der Layoutentwicklung bewusst sein, um ansprechende Gestaltungsraster zu entwerfen und anzuwenden.

Hochformat

Das Hochformat ist vertraut, praktisch, sieht elegant aus und lässt sich gut in Ordnern ablegen. Das Format wirkt ansprechend und aktivierend auf den Betrachter. Das Hochformat eignet sich besonders gut für textlastige Produkte.

Bei Printmedien ist in vielen Fällen zu berücksichtigen, dass eine aufgeschlagene Zeitschrift oder ein Prospekt mit linker und rechter Seite trotz Hochformat in der Gesamtheit als Querformat wirkt.

Querformat

Einzelseiten im Querformate sind umständlicher beim Lesen, in der Handhabung und im Aufbewahren.

Das Querformat eignet sich gut für Printmedien mit einem hohen Bildanteil.

Quadratischer Prospekt

Prospektformat mit auffälliger Wirkung

Quadrat

Eines der auffälligsten und spannendsten Gestaltungsformate ist das Quadrat. Es fällt bereits im geschlossenen Zustand auf, wird es geöffnet, ergibt sich ein breites, attraktives Querformat.

Quadratische Formate werden häufig für ungewöhnliche Produkte verwendet, z. B. für Kunstprospekte, Designkataloge und Ähnliches, um diese aus der Masse der Publikationen herauszuheben.

Freie Formate

Gestanzte Formate, wie Kreis, Wolke oder eine andere Freiform, eignen sich fast ausschließlich für Handzettel oder Flyer, da Falzungen und Bindungen meist nur eingeschränkt möglich sind.

Formatbeispiele

Hochformate wirken elegant und aktivierend auf den Betrachter.

Seitenverhältnis
1:3

Seitenverhältnis
1:2

Seitenverhältnis
1:1,619
(Goldener Schnitt)

Seitenverhältnis
1:1,414
(DIN-Formate)

Seitenverhältnis
1:1

2.1.3 DIN-Formate

Das Format, das uns im täglichen Leben ständig begegnet, ist das DIN-A4-Hochformat, das durch das Deutsche Institut für Normung 1922 in der DIN-Norm 476 festgelegt wurde. 1925 bestimmte der Weltpostverein DIN A6 als internationale Postkartengröße.

Die Basisgröße der DIN-Reihen ist das Format DIN A0 mit den Maßen 841 x 1189 mm und der Fläche 1 m². Die kleinere Seite des Bogens steht zur größeren Seite im Verhältnis 1 zu √2 (1,4142). Das nächstkleinere Format entsteht jeweils durch Halbieren der Längsseite des Ausgangsformates.

Die Zahl gibt an, wie oft das Ausgangsformat A0 geteilt wurde. Ebenso können aus kleineren Formaten durch Verdoppeln der kurzen Seite jeweils die größeren Formate erstellt werden.

DIN-A-Reihe

Die Formate der A-Reihe werden für Zeitschriften, Prospekte, Geschäftsdrucksachen, Karteikarten, Postkarten und andere Drucksachen benutzt. Die DIN-A-Reihe ist die Ausgangsreihe für die anderen DIN-Reihen und Grundlage der Formatklassen bei Druckmaschinen.

DIN-B-Reihe

Die B-Reihe wird überwiegend als Format für Ordner, Mappen usw. verwendet, wobei die A-Reihe in die B-Reihe der gleichen Formatklasse eingesteckt werden kann. Die bekannten Leitz-Ordner sind auch Produkte der B-Reihe.

DIN-C-Reihe

In der C-Reihe finden sich alle unsere Normumschläge, die im Geschäftsleben und beim Postversand zum Einsatz kommen.

Format DIN A0

mit den Maßen 841 x 1189 mm und der Fläche 1 m²

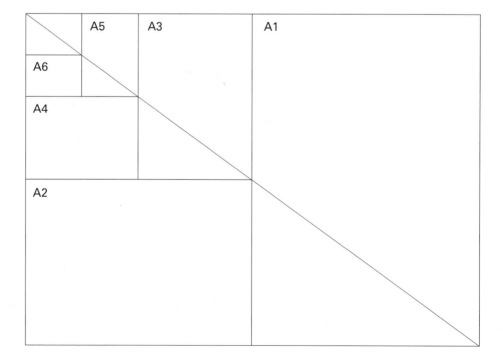

DIN-A-Reihe	
A 0	841 x 1189 mm
A 1	594 x 841 mm
A 2	420 x 594 mm
A 3	297 x 420 mm
A 4 (Briefpapier)	210 x 297 mm
A 5	148 x 210 mm
A 6 (Postkarten)	105 x 148 mm
A 7	74 x 105 mm
A 8	52 x 74 mm
A 9	37 x 52 mm
A 10	26 x 37 mm

DIN-B-Reihe	
B 0	1000 x 1414 mm
B 1	707 x 1000 mm
B 2	500 x 707 mm
B 3	353 x 500 mm
B 4	250 x 353 mm
B 5	176 x 250 mm
B 6	125 x 176 mm
B 7	88 x 125 mm
B 8	62 x 88 mm
B 9	44 x 62 mm
B 10	31 x 44 mm

DIN-C-Reihe	
C 0	917 x 1297 mm
C 1	648 x 917 mm
C 2	458 x 648 mm
C 3	324 x 458 mm
C 4	229 x 324 mm
C 5	162 x 229 mm
C 5/6, DL (DIN lang)	110 x 220 mm
C 6	114 x 162 mm
C 7	81 x 114 mm
C 8	57 x 81 mm
C 9	40 x 57 mm
C 10	28 x 40 mm

Formatklassen	Bogenoffsetdruck
01	480 x 650 mm
0	500 x 700 mm
I	560 x 830 mm
II	610 x 860 mm
III	650 x 965 mm
IIIb	720 x 1020 mm
IV	780 x 1120 mm
V	890 x 1260 mm
VI	1000 x 1400 mm
VII	1100 x 1600 mm
X	1400 x 2000 mm
Sonderformate	z. B. für Rollendruck

DIN-Formate sind Fertigformate

Die zum Druck benötigten Rohbogen müssen wegen des erforderlichen Beschnitts größer gewählt werden. Für das A1-Format ist ein Druckformat von 610 mm x 860 mm notwendig, das in der Maschinen-/Formatklasse II gedruckt werden kann. Da in Druckmaschinen häufig zu mehreren Nutzen gedruckt wird, müssen die Druckformatklassen diese Bogenausnutzung für DIN-Formate auch zulassen. Dies wird durch eine entsprechende Nutzenberechnung ermöglicht.

Formatklassen

Nach den erforderlichen Rohbogenformaten wurden von den Druckmaschi-nenherstellern entsprechende Formatklassen für den Bogenoffsetdruck definiert. Die Grundformate finden Sie in der Tabelle oben. Diese Einteilung in die Formatklassen erfolgt nach dem maximal bedruckbaren Papierformat.

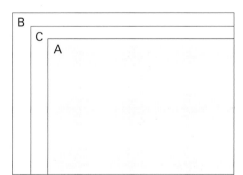

DIN-Formatreihen

DIN-A-Reihe, B-Reihe und C-Reihe im Größenvergleich

2.2 Farbe

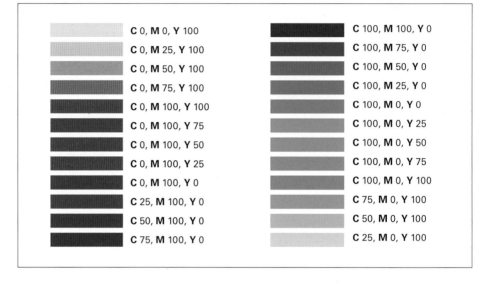

C 0, M 0, Y 100	C 100, M 100, Y 0
C 0, M 25, Y 100	C 100, M 75, Y 0
C 0, M 50, Y 100	C 100, M 50, Y 0
C 0, M 75, Y 100	C 100, M 25, Y 0
C 0, M 100, Y 100	C 100, M 0, Y 0
C 0, M 100, Y 75	C 100, M 0, Y 25
C 0, M 100, Y 50	C 100, M 0, Y 50
C 0, M 100, Y 25	C 100, M 0, Y 75
C 0, M 100, Y 0	C 100, M 0, Y 100
C 25, M 100, Y 0	C 75, M 0, Y 100
C 50, M 100, Y 0	C 50, M 0, Y 100
C 75, M 100, Y 0	C 25, M 0, Y 100

Farbe ist Ihr wichtigstes Gestaltungsmittel: Farbe schmückt, Farbe signali-
siert, Farbe schreit, Farbe gliedert, Farbe
kommuniziert. Farbe ist relativ.

Wie alle Sinneswahrnehmungen ist
auch die Farbwahrnehmung nicht eindeutig. Farben wirken in verschiedenen
Umgebungen unterschiedlich. Die
Identität der Farbe liegt also nicht in der
Farbe selbst, sondern sie wird durch
den Zusammenhang bestimmt.

Verwenden Sie Farben sparsam.
Der Betrachter kann nur maximal fünf
Farben auf einmal erfassen. Verwenden
Sie besser drei oder vier Farben. Diese
genügen vollkommen, um in Ihrer
Gestaltung die farblichen Akzente zu
setzen.

Der Einsatz der Farben und damit die
Hervorhebung einzelner Bereiche erfolgt nach der Wertigkeit. Wählen Sie für
wichtige Teile des Designs als Leitfarbe
eine auffallende Farbe. Für weniger
wichtige Bereiche oder große Flächen
nehmen Sie eine hellere, meist weniger gesättigte Farbe oder ein neutrales
helleres Grau.

Bei der Auswahl und Kombination der
Farben für Ihre Gestaltung helfen folgende einfache Regeln.

2.2.1 Gleichabständige Farbkombinationen

Harmonische und zugleich spannende
Farbkombinationen erzielen Sie durch
die Wahl gleichabständiger Farben aus
dem Farbkreis. Sie können aus einem
24-teiligen Farbkreis harmonische Drei-

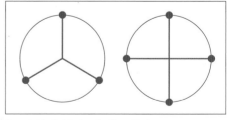

Auswahl gleichabständiger Farben

Farbauswahl als Dreiklang

20

Farbauswahl als Vierklang

oder Vierklänge auswählen. Für weitere Kombinationen mit anderen Farben müssen Sie den Farbkreis weiter unterteilen.

2.2.2 Nebeneinanderliegende Farbkombinationen

Im Farbkreis nebeneinanderliegende Farben ergeben ein Ton-in-Ton-Farbschema. Achten Sie darauf, dass die Farben vom Betrachter visuell klar unterscheidbar sind. Wählen Sie deshalb z. B. nur jede zweite Farbe aus dem 24-teiligen Farbkreis. Nur so erfüllen die Farben den Zweck der Gliederung und Hervorhebung einzelner Designbereiche. Wärmere Farben, Gelb, Orange und Rot, wirken freundlich und vermitteln Nähe. Kältere Farben aus

dem blauen Teil des Farbkreises wirken sachlich und distanziert. Setzen Sie die dunkleren Farben Ihres Farbschemas zur Hervorhebung ein. Die helleren unterstützen den Inhalt.

2.2.3 Variation der Sättigung und Helligkeit eines Farbtons

Die Aufmerksamkeit des Betrachters gewinnen Sie mit gesättigten Farben. Diese haben einen starken Signalcharakter, überlagern damit aber häufig den eigentlichen Inhalt. Setzen Sie deshalb im sachlichen inhaltsbezogenen Bereich Ihrer Gestaltung gesättigte Farben nur sehr sparsam als Akzent ein. Weniger gesättigte und helle Farben wirken freundlich und professionell.

Im Farbkreis werden die gesättigten Farben außen und die weniger gesättigten Farben innen angeordnet. Die Abstufung der Helligkeit bzw. der Sättigung kann nach Weiß oder nach Schwarz erfolgen.

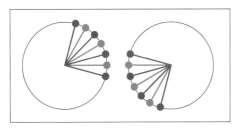

Auswahl benachbarter Farben mit einer Farbe Abstand zur besseren Unterscheidung

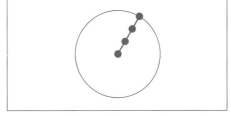

Abstufung der Helligkeit des gleichen Farbtons nach Weiß oder Schwarz

Farbauswahl aus dem gelb-roten Farbbereich

Abstufung der Helligkeit nach Weiß

Farbauswahl aus dem blau-grünen Farbbereich

Abstufung der Helligkeit nach Schwarz

21

2.2.4 Farbkontrast

Farben wirken auf den Betrachter nie für sich alleine, sondern immer in Beziehung zu ihrer Umgebung. Diese Wechselwirkung in der Wahrnehmung von Farben wird als Farbkontrast bezeichnet. Farbkontraste können in der Gestaltung bewusst eingesetzt werden, um Inhalte zu strukturieren, Elemente hervorzuheben oder ein Thema farblich zu unterstreichen.

Simultankontrast

Benachbarte Farben beeinflussen ihre Wirkung wechselseitig. Die Farben wirken anders als bei isolierter Betrachtung nur einer Farbe. Sie können diesen Effekt an der Abbildung gut nachvollziehen. Der graue Text rechts und links hat in beiden Fällen den gleichen Farbton, die Farbe wirkt aber durch die Umgebungsfarbe unterschiedlich.

Man nennt dieses Phänomen Simultan- oder Umfeldkontrast. Dabei wirkt die größere Fläche immer auf die kleinere Fläche. Die visuellen Farbunterschiede werden bewertet durch Farbton, Helligkeit und Sättigung.

Komplementärkontrast

Der Komplementärkontrast wird aus Farbenpaaren gebildet, die sich im Farbkreis gegenüberliegen. Komplementärfarbenpaare bilden den stärksten Kontrast, den Sie durch die Kombination von zwei Farben erzeugen

können. In der Praxis wirkt der Komplementärkontrast häufig zu stark. Die Kombination kleinerer komplementärfarbiger Elemente, z. B. Schrift, führt zum optischen Flimmern.

Warm-Kalt-Kontrast

Die Assoziation von Wärme und Feuer führt dazu, dass wir Farbtöne von Gelb über Orange bis Rot als warm empfinden. Blautöne werden mit Wasser, Schnee, Eis und dadurch mit Kälte verbunden. Sie gehören somit zu den kalten Farben. Im Farbkreis bilden diese beiden Gruppen jeweils eine Hälfte. Warme und kalte Farben stehen sich also im Farbkreis gegenüber. Alle Komplementärkontraste sind deshalb auch Warm-Kalt-Kontraste.

Hell-Dunkel-Kontrast

Der Hell-Dunkel-Kontrast oder Helligkeitskontrast verwendet zum einen unbunte Farben wie Schwarz und Weiß sowie große Abstufungen im Grau.

Die zweite Anwendungsmöglichkeit ist der Einsatz von Farben mit stark unterschiedlichem Helligkeitswert.

Als dritte Anwendung gilt die Gegenüberstellung einer mit Weiß stark aufgehellten Farbfläche zu einer Fläche des gleichen Farbtons, der mit Schwarz stark abgedunkelt ist.

Hell-Dunkel-Kontrast   Hell-Dunkel-Kontrast

Hell-Dunkel-Kontrast   Hell-Dunkel-Kontrast

Hell-Dunkel-Kontrast   Hell-Dunkel-Kontrast

Quantitätskontrast

Die Wirkung einer Farbe ist von der Größe und der Leuchtkraft der Farbfläche ihres Umfelds abhängig. Der

Quantitäts-kontrast

Zusammenhang von Leuchtkraft und Flächenanteil einer Farbe wird Flächenproportionalität genannt. Je höher die Leuchtkraft bzw. die Helligkeit einer Farbe, desto kleiner kann ihre Fläche sein.

Qualitätskontrast

Die Qualität der Farbe beschreibt die Farbkraft oder Sättigung einer Farbe. Der Qualitätskontrast zeigt den Gegensatz von kräftigen leuchtenden Farben mit hoher Sättigung zu gebrochenen Farben mit geringer Sättigung. Man spricht deshalb auch vom Reinheitskontrast oder Bunt-Unbunt-Kontrast. Leuchtende Farben werden, auch bei kleinerem Flächenanteil, deutlich wahrgenommen.

Qualitäts-kontrast   Qualitäts-kontrast

Farbe-an-sich-Kontrast

Der Farbe-an-sich-Kontrast lebt von der Gegenüberstellung bzw. Kombination der reinen Grundfarben.

Die Kombination darf aber keinen Komplementärkontrast ergeben. Durch die Kombination der sekundären Mischfarben nimmt die Kontrastwirkung deutlich ab.

Farbe-an-sich-Kontrast   Farbe-an-sich-Kontrast

2.3 Schrift

2.3.1 Einführung

Wenn Sie von einem Ihrer Mitmenschen eine Information zugerufen bekommen, können Sie diese verstehen, wenn sie laut genug ist und der Inhalt damit richtig übermittelt wird. Ist der Zuruf zu leise oder zu undeutlich, wird die übermittelte Information von Ihnen nicht verstanden.

Ähnlich verhält es sich mit der Typografie. Die Möglichkeiten, die Informationsübertragung positiv oder negativ zu beeinflussen, sind vielfältig. Dabei haben die Auswahl und das Aussehen der Schrift eine zentrale Bedeutung.

Jedes Bild, das sich ein Leser von einer erhaltenen Information macht, wird durch das Aussehen, also die Wahl der Schrift, beeinflusst. Es ist die Schrift, die mit Hilfe der Typografie die Information weitergibt. Buchstabenform, Wortbild und Textanordnung sind die Gestaltungsmittel des Typografen.

Die Auseinandersetzung mit Buchstaben und Wörtern wird heute oft vernachlässigt, oft werden Standardeinstellungen und Standardschriften gewählt, ohne sich wirklich Gedanken über Faktoren zu machen, wie Schriftcharakter, Schriftbild, Schriftgröße, Laufweite, Satzbreite, Satzart, Zeilenabstände und Wortzwischenräume.

Buchstaben werden durch ein System von vier horizontalen Linien gegliedert bzw. strukturiert. Dieses Vier-Linien-System der Schrift ermöglicht eine Erfassung und Normierung nahezu aller Schriften, unabhängig davon, wie individuell sich die Ausdehnungen der einzelnen Schriften darstellen.

Für die Gestaltung mit Schriften ist es erforderlich, dass sich Schriftgestalter an diesem Vier-Linien-System der Schrift orientieren. Dadurch ist es möglich, unterschiedliche Schriftschnitte und Schriften zu kombinieren und eine gute Lesbarkeit zu schaffen. Unten ist beispielhaft der Schriftzug *Hamburgo* im Vier-Linien-System dargestellt, der gut die Besonderheiten aufzeigt.

2.3.2 Schriftklassen

Neben der Klassifikation der Druckschriften nach der DIN 16 518 aus dem

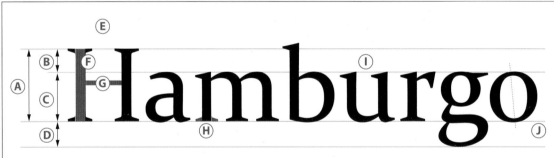

Vier-Linien-System, Fachbegriffe am Musterwort „Hamburgo"

A Versalhöhe
B Oberlänge
C Mittellänge/x-Höhe/Höhe der Gemeinen
D Unterlänge
E Großbuchstabe/Versalie/Majuskel
F Hauptstrich/Grundstrich
G Haarstrich/Haarlinie/Querstrich
H Serife
I Kleinbuchstabe/Gemeine/Minuskel
J Grundlinie/Schriftlinie

Jahr 1964 gibt es auch weniger differenzierte Systeme, Schriften in Gruppen einzuteilen.

Der unten abgebildete Klassifizierungsentwurf wurde 1998 vom Deutschen Institut für Normung in Berlin der Fachwelt zur Stellungnahme vorgelegt, er wurde jedoch zurückgezogen und ist bis heute nicht verabschiedet.

Dennoch ist der Entwurf eine gut funktionierende Matrix, die die europäischen Schriften in fünf Hauptgruppen und die entsprechende Untergruppen einteilt.

Klassifizierungsentwurf von 1998

Gruppe 1: Gebrochene Schriften	Gruppe 2: Römische Schriften	Gruppe 3: Lineare Schriften	Gruppe 4: Serifenbetonte Schriften	Gruppe 5: Geschriebene Schriften
Gotisch **Hamburgo** *Wilhelm Klingspor*	Renaissance-Antiqua Hamburgo *Garamond*	Grotesk Hamburgo *Helvetica*	Egyptienne **Hamburgo** *Rockwell*	Flachfederschrift *Hamburgo* *Zapf Chancery*
Rundgotisch Hamburgo *Weiss Rundgotisch*	Barock-Antiqua Hamburgo *Times*	Anglo-Grotesk Hamburgo *News Gothic*	Clarendon **Hamburgo** *Clarendon*	Spitzfederschrift *Hamburgo* *Edwardian Script*
Schwabacher Hamburgo *Schwabacher*	Klassizistische Antiqua Hamburgo *Bauer Bodoni*	Konstruierte Grotesk Hamburgo *Futura*	Italienne **Hamburgo** *Old Town*	Rundfederschrift *Hamburgo* *Lat. Ausgangsschrift*
Fraktur **Hamburgo** *Fette Fraktur*		Geschriebene Grotesk Hamburgo *Optima*		Pinselzugschrift *Hamburgo* *Brush Script*
Varianten Hamburgo *American Text*	Varianten Hamburgo *Stone Informal*	Varianten **Hamburgo** *Antique Olive*	Varianten Hamburgo *Melior*	Varianten Hamburgo *Bradley Hand*
Dekorative *Hamburgo* *Duc De Berry*	Dekorative **Hamburgo** *Arnold Boecklin*	Dekorative Hamburgo *Goudy Sans*	Dekorative HAMBURGO *Thunderbird*	Dekorative Hamburgo *Daniel Black*

25

2.3.3 Wahl der richtigen Schrift

Die Wahl der richtigen Schrift spielt eine wichtige Rolle. Alle Schriften mit Serifen bieten eine Art optische Grundlinie, die das Auge beim Lesen führt. Folgende Kriterien können bei der Auswahl einer Schrift herangezogen werden:

- Einheitliche Wirkung des Schriftbildes
- Breite der Buchstaben
- Proportionen der Mittel-, Ober- und Unterlängen
- Laufweite der Buchstaben
- Bandwirkung einer Schrift
- Serifen, An- und Abstriche
- Strichstärkenkontrast
- Auszeichnungsmöglichkeiten und verfügbare Schriftfamilie
- Eignung für Schriftmischungen
- Aussehen der Ziffern

Hallo Welt! — Palatino

Hallo Welt! — Times

Hallo Welt! — Gill Sans

Hallo Welt — Univers

Hallo Welt! — Helvetica

Hallo Welt! — Futura

Hallo Welt! — Bauhaus

Römische Schriften wie Palatino oder Times sind z. B. für Mengentext gut geeignet. Ihre Serifen stellen ein verbindendes Element dar, das dem Leser Silben und Wortbilder optisch gut erschließt.

Lineare Schriften sind durch die fehlenden Serifen hierfür nicht so optimal. Charakter und Wirkung sind leichter und moderner, die Lesbarkeit dieser Schriften ist gut – aber doch reduzierter als bei einer Römischen Schrift.

Die Lesbarkeit serifenloser Schriften wird verbessert, wenn der Größenunterschied zwischen Gemeinen und Versalien eine klare Unterscheidung ermöglicht, wie z. B. bei den Schriften Gill Sans und Univers. Die Schrift Helvetica hat einen etwas geringeren Größenunterschied, bei der Schrift Futura sind die Gemeinen etwas klein. Beide Schriften sind dadurch etwas weniger gut lesbar.

Bei den Schriften Futura und Bauhaus sind z. B. das „a" und das „o" wegen des fehlenden Querstriches im Buchstaben „a" nicht mehr optimal unterscheidbar.

Folgende Punkte sind für das Textdesign wichtig:

- Gut lesbare Schriften verwenden
- Buchstaben nicht zu stark unterschneiden oder spationieren
- Keine zu großen Wortabstände, vor allem beim Blocksatz
- Keine zu langen Zeilen – Leser verliert den Zeilensprung und hat keine oder eine schlechte Orientierung im Textblock
- Korrekten Zeilenabstand verwenden (stört sonst den Grauwert einer Seite)
- Geeignete Satzart und geeignete Einzüge verwenden (erleichtert dem Leser die Orientierung im Textblock für einen mühelosen Zeilenwechsel)
- Korrekte Schriftgröße verwenden (nicht zu groß und nicht zu klein)

2.3.4 Schrifteinsatz

Allgemein gilt, dass eine Beziehung der Schriftform zum Inhalt des Textes die Vermittlung von Inhalten unterstützt und glaubwürdiger macht.

Die Beziehung zwischen Inhalt und Form kann sehr unterschiedlich sein, das zeigen die dargestellten Beispiele. Die gewählte Schrift, die daraus resultierende Emotionalität und die erzielte Wirkung können klar übereinstimmen, nur angedeutet korrespondieren oder Schrift und Wirkung können vollkommen gegensätzlich sein. Die Schriftwahl versucht nach Möglichkeit, Textaussagen optisch zu unterstützen.

Weitere Aspekte bei der Schriftauswahl für eine Präsentation oder ein Medienprodukt können Alter, Bildungsstruktur und Interessen der Leser sein. Schriften können nach werblichen, didaktischen oder technischen Anforderungen ausgewählt werden.

Gut gestaltete Informationen führen zu einer erfolgreichen Informationsvermittlung. Bei schlechter typografischer Gestaltung verliert der Leser die Lust am Lesen und nimmt die dargebotenen Informationen nicht wahr.

Beispiel „Music meets Dance"
Die dünnen Versalien „tanzen" in den dicken Versalien. Die Titelzeilen wurden gesperrt, die Worte „zerfallen" in einzelne Buchstaben.

Beispiel „Capri"
Die Buchstaben des Produktnamens „Capri" wirken dynamisch, verspielt und kraftvoll.

Beispiel „Garofalo"
Die Handschrift visualisiert Natürlichkeit und Handarbeit.

2.3.5 Schriftmischung

Schriften gut zu mischen ist schwer und unterliegt nur wenigen klaren Vorgaben. Hier einige grundlegende Regeln, um Ihnen die Mischung von Schriften zu erleichtern:

- Schriftschnitte einer Schriftfamilie **A** können jederzeit miteinander kombiniert werden. Prinzipiell ist dies keine Schriftmischung im eigentlichen Sinn, da die verschiedenen Schnitte einer Schriftfamilie gerade für den Zweck der Auszeichnung geschaffen wurden.
- Schriften mit gleichartigem Duktus **B** (ähnliche Linienführung und Strichstärke) und ähnlichen Proportionen lassen sich gut mischen, solange sie nicht aus der gleichen Gruppe der Schriftklassifikation nach DIN 16518 kommen.
- Römische Schriften und Schreibschriften lassen sich kombinieren **C**, es sollte allerdings auf einen ähnlichen Duktus geachtet werden.
- Setzen Sie bei der Schriftmischung auf gut erkennbare Kontraste **D**. Wenn Schriften einen deutlichen Unterschied im Ausdruck aufweisen, lassen sie sich oftmals gut kombinieren. Kontraste erhöhen die Aufmerksamkeit und wirken auf den Leser interessant.
- Zwei gebrochene Schriften **E** sollten nicht miteinander kombiniert werden, auch wenn der Duktus gleich oder ähnlich ist, ihr Schriftcharakter ist stets zu ähnlich.
- Vermeiden Sie Schriftmischungen mit Schriften, die beide aus der gleichen Gruppe der Schriftklassifikation nach DIN 16518 kommen **F**. Diese Schriften sind sich meist zu ähnlich für eine Schriftmischung.

Damit Sie neben den auf dieser Seite visualisierten Regeln eine Vorstellung davon bekommen, wie sich Schriftklassen bzw. Schriftstile kombinieren lassen, sind auf der rechten Seite einige Schriften mit ihrem Schriftaufbau bzw. Duktus gezeigt. Es werden für jede Schrift die verwendeten Grund- und Haarstriche in ihrer Stärke durch einzelne Linien dargestellt. Schriftmischungen zeigen beispielhaft in mehreren Gegenüberstellungen, wie Schriften kombiniert werden können.

Die Mischungen orientieren sich am jeweiligen Schriftcharakter, der Schriftanmutung, den vorhandenen Strichstärken von Grund- und Haarstrichen, sowie am Duktus der verwendeten Schriften.

Gute Beispiele zur Schriftmischung

- **A** **Caecilia 85 Heavy**
  Caecilia 55 Roman

- **B** Avenir
  Century

- **C** *Linotype Elisa*
  Bauhaus

- **D** CAPITALS
  Daxline Pro

Schlechte Beispiele zur Schriftmischung

- **E** 𝔚𝔦𝔱𝔱𝔢𝔫𝔟𝔢𝔯𝔤𝔢𝔯 𝔉𝔯𝔞𝔨𝔱𝔲𝔯
  Schwabacher

- **F** Frutiger
  Univers

Beispiele für Schriftmischungen

Schreibschrift	Serifenschrift	Wirkung und Erscheinungsbild der beiden Schriften sind gegensätzlich. Der Duktus beider Schriften ist ähnlich – eine Mischung ist gut möglich.
𝕲𝖊𝖇𝖗𝖔𝖈𝖍𝖊𝖓𝖊 𝕾𝖈𝖍𝖗𝖎𝖋𝖙	Serifenschrift	Beide Schriften wirken „alt" und historisch, sie besitzen aber einen guten Kontrast zueinander, daher ist eine Mischung gut möglich.
Serifenbetonte Schrift	Serifenlose Schrift	Die Schriften wirken von ihrem Charakter her ähnlich und dennoch sind sie unterschiedlich genug. Eine gelungene Schriftmischung.
Serifenschrift	Serifenlose Schrift	Ein deutlicher Kontrast, jedoch mit Übereinstimmung in Duktus und Mittellänge. Eine gute, interessante Mischung.
Handschrift	Serifenbetonte Schrift	Ruhe und Bewegung sind Gegensätze – und diese Gegensätze ergeben eine brauchbare Schriftmischung, die eine spannungsvolle Textgestaltung ermöglicht.
Serifenschrift	*Handschrift*	Eine ruhige und eine persönliche Schrift, mit ähnlichem Duktus, aber gegensätzlicher Wirkung. Ein gelungener Kontrast.
Serifenlose Schrift	*Schreibschrift*	Eine sachlich moderne und eine schwungvolle, elegante Schrift sind echte Gegenpole und ergänzen sich in ihrer Wirkung – eine gute Mischung.

2.4 Bilder

2.4.1 Motiv

Ein Bild sagt mehr als 1000 Worte! Wer kennt diesen Satz nicht. Und was sagen Ihnen die Bilder auf dieser Seite?

Fotografische Bilder sind direkte Abbilder der Welt. Sie zeigen einen Ausschnitt der Realität, den der Fotograf zu einem bestimmten Zeitpunkt aufgenommen hat. In einer Grafik visualisiert der Gestalter Daten, Zusammenhänge, Produkte oder vereinfachte Ausschnitte der Realität.

Als Fotograf und/oder Mediengestalter komponieren Sie das Bild. Wie immer in der Gestaltung erfüllen dabei alle abgebildeten Elemente nur einen Zweck, nämlich die Bildaussage, Ihre Botschaft, zu visualisieren und sie durch die Sprache des Bildes dem Betrachter zu kommunizieren.

2.4.2 Bildformat

Querformat und Hochformat werden in der Medienproduktion häufig mit den Begriffen *Landscape* (engl. Landschaft) und *Portrait* (engl. Porträt) bezeichnet. Tatsächlich werden diese Formatlagen oft für diese Motive verwendet. Das

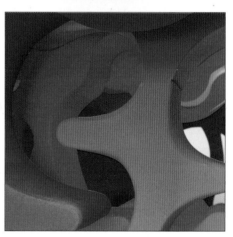

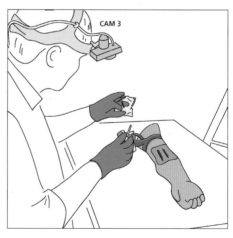

Bildformat
Extremes Querformat

sind aber natürlich keine absoluten Regeln. Gerade die bewusste Abweichung vom Gewohnten oder extreme Seitenverhältnisse eröffnen interessante gestalterische Möglichkeiten.

2.4.3 Bildausschnitt

Der gewählte Bildausschnitt ist neben der Anordnung der Elemente des Motivs und der Fototechnik, wie z. B. Brennweite, Blende oder Farbeinstellungen, das wichtigste Mittel der Bildgestaltung. Eine nachträgliche Veränderung des Bildausschnitts verändert die Bildwirkung und damit die Bildaussage eines Bildes. Bei einem gut gewählten Bildausschnitt sollten Sie die folgenden Fragen beim Betrachten mit „Ja" beantworten können:
- Wird der Blick des Betrachters durch das Bild geführt?
- Gibt es ein Hauptmotiv als Blickfang?

- Ist der Bildausschnitt gestalterisch begründet?
- Erkennt der Betrachter, worum es in der Szene geht?
- Hat das Bild einen Bezug zum Inhalt?
- Ist das Motiv gut ausgeleuchtet?

2.4.4 Bildaufbau

Wie groß Sie das Format eines Bildes auch wählen. Es hat an allen vier Seiten Grenzen, das Bild zeigt nur einen Ausschnitt der Realität.

Das Hauptmotiv ist Mittelpunkt des Interesses und Blickfang für den Betrachter. Es sollte aber nicht in der Mitte des Bildes stehen. Zentriert ausgerichtete Motive wirken meist langweilig und spannungsarm. Ausgehend vom Format und Seitenverhältnis des Bildes gibt es verschiedene geometrische Richtlinien zum Bildaufbau.

Bildausschnitt
Ein Foto, zwei unterschiedliche Ausschnitte, welcher Ausschnitt ist spannender?

2.4.5 Blickführung

Linien führen den Betrachter durch das Bild. Wege, Geländer, Schienen oder Kanten von Flächen haben eine lenkende Wirkung auf den Betrachter.

Die Linienführung folgt dabei den allgemeinen Wahrnehmungsregeln. Schräg verlaufende Linien wirken dynamisch. Linien, die sich in ihrem Verlauf von links nach rechts dem oberen Bildrand nähern, gelten als aufsteigend. Entgegengesetzt verlaufende Linien wirken absteigend. Waagrechte oder senkrechte Linien gliedern das Motiv. Sie vermitteln Ruhe und Ordnung.

Blickführung
Viele Linien lenken den Blick des Betrachters, es dominieren die Schienen der Straßenbahn.

2.4.6 Bildebenen

Vordergrund, Hauptmotiv und Hintergrund können ein Bild in bis zu drei Bildebenen gliedern. Dadurch entsteht eine Tiefen- bzw. Raumwirkung im Bild.

Bildebenen
Die unscharfen Blätter im Vordergrund, der Vogel als Hauptmotiv und die Bäume im Hintergrund bilden drei Ebenen und sorgen für eine gute Tiefenwirkung.

Achten Sie bei der Gewichtung der einzelnen Bildebenen auf die Wertigkeit der Elemente. Wenn der Vordergrund einen zu großen Anteil hat, dann beherrscht er das Bild und das eigentliche Hauptmotiv gerät ins Hintertreffen.

2.4.7 Licht und Beleuchtung

Das richtige Licht ist bei Fotos wichtig. Oft wird eine Kombination aus natürlichem Licht und Kunstlicht verwendet. Auch die Richtung des Lichts ist wichtig.

Frontlicht strahlt in der Achse der Kamera auf das Motiv. Das frontal auftreffende Licht wirft keine Schatten, das Motiv wirkt dadurch flach.

Seitenlicht beleuchtet das Aufnahmeobjekt seitlich, es ist die klassische Lichtrichtung und bewirkt ausgeprägte Licht- und Schattenbereiche.

Gegenlicht kann zu Lichtsäumen um den Schattenriss des Motivs führen und eignet sich meist nicht zum Fotografieren.

2.5 Aufgaben

1 Einsatz eines Hochformates kennen

Beschreiben Sie eine Einsatzmöglichkeit für ein Hochformat.

2 Einsatz eines Querformates kennen

Beschreiben Sie eine Einsatzmöglichkeit für ein Querformat.

3 Einsatz eines quadratischen Formates kennen

Beschreiben Sie eine Einsatzmöglichkeit für ein quadratisches Format.

4 Formate wirtschaftlich auswählen

Beschreiben Sie, warum wirtschaftliche Gründe für bestimmte Formate sprechen und manche Formate wirtschaftlich ungünstig sind.

5 DIN-Formate kennen

Nennen Sie jeweils einen Verwendungszweck für die DIN-Reihen:

DIN-A-Reihe:

DIN-B-Reihe:

DIN-C-Reihe:

6 Farbkombinationen erläutern

Was versteht man bei der Auswahl von Farben bzw. bei der Zusammenstellung von Farbkombinationen unter:

a) Farbdreiklang:

b) Farbvierklang:

7 Farbvierklang analysieren

Entspricht die folgende Farbkombination einem Farbvierklang?

☐ Ja

☐ Nein

33

8 Farbkontraste kennen

Nennen Sie die sieben Farbkontraste nach Itten.

1. ....

2. ....

3. ....

4. ....

5. ....

6. ....

7. ....

9 Typografische Begriffe kennen

Benennen Sie in der unteren Abbildung die Elemente, Größen und Linien.

A : ....

B : ....

C : ....

D : ....

E : ....

F : ....

10 Kriterien für die Schriftwahl nennen

Welche Kriterien können bei der Beurteilung und Auswahl einer Schrift herangezogen werden? Nennen Sie drei Kriterien.

1. ....

2. ....

3. ....

11 Regeln zur Schriftmischung kennen

Formulieren Sie drei Regeln zur Schriftmischung.

1. ....

....

....

2. ....

....

....

3. ....

....

....

12 Schriftmischungsregeln anwenden

Geben Sie zu den folgenden Schriften
jeweils eine passende Schrift an:
a. Schreibschrift

b. Gebrochene Schrift

c. Serifenbetonte Schrift

d. Serifenlose Schrift

13 Bildausschnitt festlegen

Welchen Einfluss hat die Bildaussage
auf die Wahl des Bildausschnitts?

14 Beleuchtungsrichtungen kennen

Welche Wirkung haben die folgenden
zwei Beleuchtungsrichtungen auf die
Aufnahme?

a. Frontlicht

b. Seitenlicht

15 Mit Bildebenen gestalten

a. Welches der beiden Bilder hat eine
stärkere Raumwirkung?

☐ Das obere Bild

☐ Das untere Bild

b. Begründen Sie Ihre Aussage.

3.1 Satzspiegel

Bei einer gestalterischen Arbeit soll sich der Inhalt des Medienproduktes auf verschiedene Art und Weise ausdrücken. Inhalt und Gestaltung einer Seite oder eines Werkes sollen harmonieren und einen ganzheitlichen Eindruck erwecken. Um dieses Ziel zu erreichen und Texte und Bilder übersichtlich, einheitlich und lesefreundlich zu ordnen, nimmt der Gestalter eine Einteilung der Seite vor. Diese Einteilung – das Gestaltungsraster – ist bei einem Druckprodukt ein durchgängiges Schema zur Anordnung von allen vorhandenen Seitenelementen. Das Gestaltungsraster basiert auf einem horizontalen und vertikalen X/Y-Koordinatensystem, das die Gestaltungsmöglichkeiten innerhalb der Seite festlegt. In diesem System werden Texte, Bilder, Flächen, Farben und optische Räume lesefreundlich und damit funktionsgerecht angeordnet.

Der Satzspiegel ist das bekannteste und vermutlich älteste Gestaltungsraster. Klassische Satzspiegel und deren Anwendung sind bereits aus der mittelalterlichen Buchkunst bekannt. Die von Text und Bild belegte, bedruckte Fläche ist der Satzspiegel. In der Abbildung auf der rechten Seite sind diese bedruckten Flächen grau unterlegt dargestellt. Eine Seite besteht neben dem Satzspiegel aus den unbedruckten Randbereichen: Bundsteg (Innensteg), Kopfsteg, Außensteg und dem Fußsteg.

Um optisch möglichst einen optimalen Stand des Satzspiegels, also des Verhältnisses zwischen der bedruckten und unbedruckten Fläche einer Seite, zu erhalten, kann unter verschiedensten Einteilungsregeln gewählt werden. Die bekanntesten Regeln sind:
- Konstruktion durch Diagonalzug (Villard'sche Figur)
- Neunerteilung bzw. Zwölferteilung
- Seiteneinteilung nach dem Goldenen Schnitt

Die oben genannten Satzspiegel werden als konventionelle Satzspiegel bezeichnet. Sie folgen klassischen Proportionsgesetzen und sind von der rechten zur linken Seite symmetrisch angeordnet.

Für Zeitschriften, Zeitungen und moderne Fachbücher können auch freiere Satzspiegel geplant werden, aber auch diese modernen Satzspiegelkonstruktionen basieren auf einem Gestaltungsraster.

Festlegung des Satzspiegels

In den gängigen Layoutprogrammen (hier: InDesign) werden immer die folgenden Punkte abgefragt:
- A Seitenabmessungen
- B Quer-/Hochformat
- C Doppel-/Einzelseite
- D Spalten und Spaltenabstand
- E Ränder (Stege)
- F Anschnitt (für randabfallende Elemente)
- G Infobereich (für Informationen zum Druck bzw. zur Weiterverarbeitung)

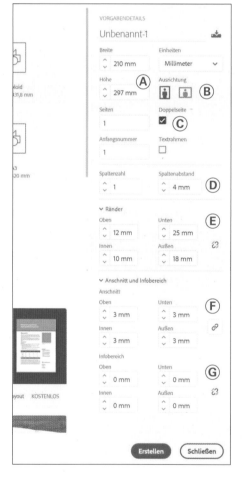

© Springer-Verlag GmbH Deutschland 2018
P. Bühler, P. Schlaich, D. Sinner, *Printdesign*, Bibliothek der Mediengestaltung,
https://doi.org/10.1007/978-3-662-54609-3_3

3.1.1 Neunerteilung

Bei der Satzspiegelkonstruktionen nach der Neunerteilung wird die Seite in der Breite und in der Höhe in 9 gleich große Abschnitte geteilt. Der Satzspiegel hat durch die Neunerteilung die gleichen Proportionen wie die Seite. Er umfasst in der Breite und in der Höhe 6/9 des Seitenformats. Der Bundsteg hat 1/9 und der Außensteg 2/9 der Seitenbreite, der Kopfsteg hat 1/9 und der Fußsteg 2/9 der Seitenhöhe.

3.1.2 Zwölferteilung

Bei der Neunerteilung sind die Seitenränder relativ breit. Als Variation wurde deshalb die Zwölferteilung entwickelt. Seitenbreite und Seitenhöhe werden in jeweils 12 Abschnitte unterteilt. Die Einteilung erfolgt wie bei der Neuner-

Doppelseite

mit Satzspiegel und unbedruckten Randbereichen

teilung. Neben den gebräuchlichen Neuner- und Zwölferteilungen sind natürlich auch Teilungen wie z. B. eine Achter- oder Zehnerteilung möglich.

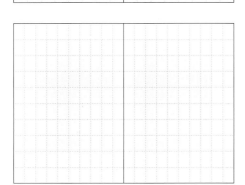

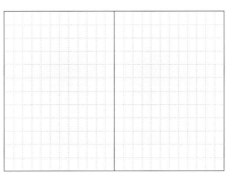

Satzspiegel

Links: Achterteilung
Rechts: Neunerteilung

Satzspiegel

Links: Zehnerteilung
Rechts: Zwölferteilung

3.1.3 Diagonalkonstruktion

Bei der Satzspiegelkonstruktion über die Flächenteilung sind die Stege durch die Abschnitte vorgegeben. Die Konstruktion über die Seitendiagonalen ermöglicht wesentlich flexiblere Satzspiegel.

Making of …

1 Ziehen Sie zwei Diagonalen über die Doppelseite.

2 Ziehen Sie eine Diagonale von der linken unteren Ecke der linken Seite zum Bund.

3 Ziehen Sie eine Diagonale von der rechten unteren Ecke der rechten Seite zum Bund.

4 Legen Sie die Höhe des Kopfstegs nach Bedarf fest und markieren Sie die Schnittpunkte des Kopfstegs **A** und **B** mit den Diagonalen.

5 Übertragen Sie den äußeren Schnittpunkt **B** nach unten auf die Diagonale **C**.

6 Schließen Sie den Satzspiegel ausgehend von den Schnittpunkten **B** und **C** durch senkrechte und waagerechte Linien.

3.1.4 Villard'sche Figur

Der Klassiker unter den Satzspiegelkonstruktionen ist die Villard'sche Figur auch Villard'scher Teilungskanon. Das geometrische Schema stammt aus der ersten Hälfte des 13. Jahrhunderts und wurde nach dem Dombaumeister Villard de Honnecourt (um 1220/30) benannt. Überliefert ist das Werk *Livre de*

Diagonalzug

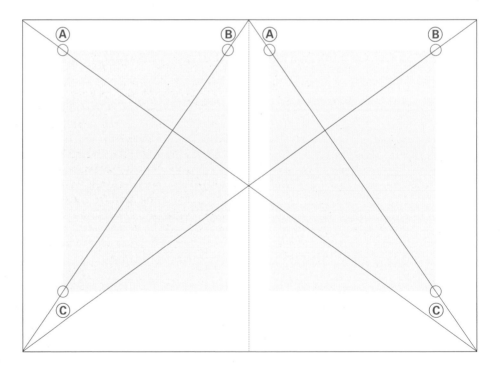

portraiture, in dem theoretische Anmerkungen und Skizzen zur Proportionslehre und zur Ästhetik enthalten sind.

Making of ...

1 Ziehen Sie zwei Diagonalen über die Doppelseite.

2 Ziehen Sie eine Diagonale von der linken unteren Ecke der linken Seite zum Bund.

3 Ziehen Sie eine Diagonale von der rechten unteren Ecke der rechten Seite zum Bund.

4 Ziehen Sie durch den Kreuzungspunkt **A** eine Senkrechte.

5 Ziehen Sie vom Schnittpunkt **B** der Senkrechten mit dem oberen Seitenrand eine Linie zum Schnittpunkt

der beiden Diagonalen **C** auf der linken Seite.

6 Der Schnittpunkt **D** ergibt die linke obere Ecke des Satzspiegels auf der rechten Seite. Zeichnen Sie den Satzspiegel auf der rechten Seite.

7 Spiegeln Sie den Satzspiegel auf die linke Seite.

3.1.5 Goldener Schnitt

Der Goldene Schnitt wird allgemein als harmonisches und ansprechendes Maßverhältnis empfunden. Er ist aus den Proportionen der menschlichen Figur entwickelt und wird seit der Antike in der Architektur, Bildhauerei, Plastik, Malerei und Typografie verwendet.

Der Goldene Schnitt teilt eine Strecke gerundet im Verhältnis 5:8. Sucht man zu einer gegebenen Strecke die längere,

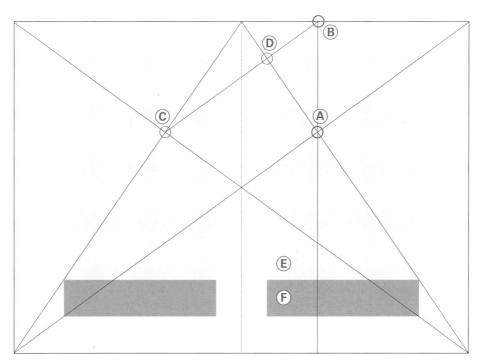

Villard'sche Figur

E Klassische Variante
F Variante mit geringerem Fußraum

Goldener Schnitt

Konstruktionsprinzip für einen Satzspiegel nach der gerundeten Zahlenreihe des Goldenen Schnitts

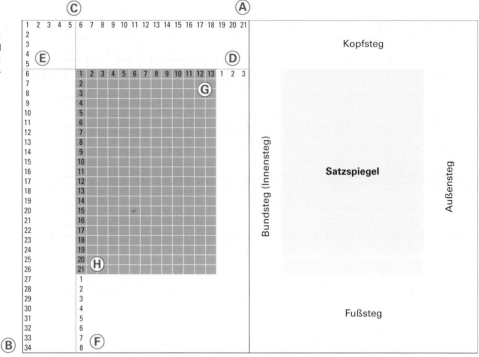

so multipliziert man mit 1,618. Wird die kürzere gesucht, wird durch 1,618 dividiert.

Die Konstruktion eines Satzspiegels mit Hilfe des Goldenen Schnitts hat eine lange Tradition – gehen Sie locker, unbeschwert und variantenreich damit um. Es ist ein Hilfsmittel – nicht mehr und nicht weniger –, um gut handhabbare Druckwerke zu gestalten und für den Leser aufzubereiten. In der hier abgebildeten Variante wurde versucht, möglichst oft Verhältnisse im Goldenen Schnitt zu erzeugen.

Ein Problem des hier konstruierten Satzspiegels ist, dass das Verhältnis von Bund- zu Außensteg 3 : 5 beträgt. Das hat zur Folge, dass der innere Rand relativ klein ist. Die einzelnen Seiten sind, vor allem bei dicken Büchern, in der Mitte beim Aufschlagen jedoch häufig gewölbt. Dadurch entsteht optisch eine

zusätzliche Verkleinerung des Raumes im Bund, wodurch die Lesbarkeit erschwert werden kann.

Making of …

1 Teilen Sie das Blatt in 21 Spalten **A** und 34 Zeilen **B** ein (1 : 1,619).

2 5 Spalten **C** bilden den Außensteg, 3 Spalten **D** den Bundsteg (1 : 1,666).

3 5 Zeilen **E** bilden den Kopfsteg, 8 Zeilen **F** den Fußsteg (1 : 1,6).

4 Der Satzspiegel besteht nun aus 13 Spalten **G** und 21 Zeilen **H** (1 : 1,615).

40

3.2 Modulares Gestaltungsraster

Um die Informationserfassung zu unterstützen, wird der Satzspiegel horizontal und vertikal in Rasterzellen unterteilt, so dass zwischen den Rasterzellen ein Steg **A** frei bleibt. Das Bild unten links verdeutlicht diese Aufteilung.

Ausgehend von der Layoutvariante mit vier Spalten **B** wird ein Gestaltungsraster mit in diesem Fall 32 Zellen angelegt **C**. Die auf der folgenden Seite abgebildeten Variationen lassen die Vielfalt erahnen, die mit Hilfe eines systematischen Gestaltungsrasters ermöglicht wird. Die Variationen zeigen aber auch, dass dennoch ein einheitliches Gesamtbild gewahrt bleibt.

Gerade vierspaltige Gestaltungsraster erlauben eine spannungsreiche und variable Gestaltung. Der Betrachter nimmt Vierspalter als abwechslungsreich und spannend wahr, auch wenn die Textspalten bei diesem Rastersystem manchmal etwas schmal gehalten sind und dadurch die Lesbarkeit nicht immer optimal ist. Dies wird durch die mögliche Gestaltungsvielfalt des Rastersystems ausgeglichen.

Vor allem die vielen denkbaren Text-Bild-Kombinationen oder die Möglichkeit, Textblöcke zu breiten Spalten zusammenzufassen, erlauben spannungsreiche Kontraste, insbesondere in Verbindung mit großen Bildformaten. Mögliche Elemente eines Gestaltungsrasters im Layoutprogramm sind:

- Seitenrahmen
- Spalten
- Zellen
- Grundlinien
- Hilfslinien (für die Position von z. B. Kolumnentitel und Marginalie)
- Anschnitt

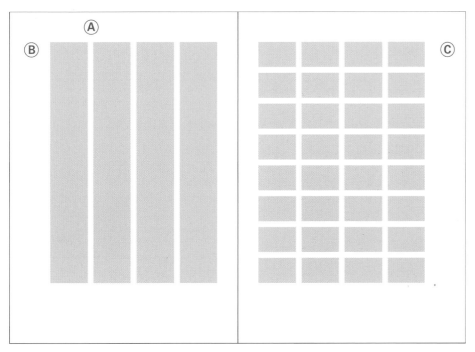

Gestaltungsraster
Vierspaltiges Seitenlayout, als Doppelseite dargestellt. Ausgehend vom vierspaltigen Seitenlayout **B** wurde hier ein Gestaltungsraster mit 32 Zellen (Modulen) angelegt **C**.

41

Gestaltungsvarianten

Aufgebaut auf dem auf der vorigen Seite abgebildeten vierspaltigen Gestaltungsraster mit Rasterzellen, wurden zwei Layouts einer Doppelseite erstellt.

DIE ALPEN

ZWISCHEN MASSENTOURISMUS UND BERGIDYLLE

DIE ALPEN

ZWISCHEN MASSENTOURISMUS UND BERGIDYLLE

Making of ...

1 Starten Sie InDesign.

2 Erstellen Sie ein neues Dokument, legen Sie dabei Seitenformat, Spalten,
Stege (Ränder) und Anschnitt fest.

3 Seitenrahmen **A**, Spalten **B**, Anschnitt
C und Stege **D** sind nun bereits sichtbar und können über die Taste „w",
soweit das Textwerkzeug nicht aktiv
ist, ein- bzw. ausgeblendet werden.

4 Das Grundlinienraster **E** kann über
Ansicht > Raster und Hilfslinien ein-
bzw. ausgeblendet werden. Einrich-
ten können Sie das Grundlinienraster
unter *Bearbeiten > Voreinstellungen
> Raster*. Wichtig ist, dass bei den
verwendeten Grundtextformaten *An
Grundlinienraster ausrichten* einge-
stellt ist.

5 Zellen **F** und Hilfslinien **G** erstellen
Sie am besten auf den Musterseiten
im Fenster „Seiten". Diese werden dann beim Layout der Inhalte
automatisch bei den zugewiesenen
Seiten angezeigt und sind dort gesperrt, damit sie nicht aus Versehen
bearbeitet werden.

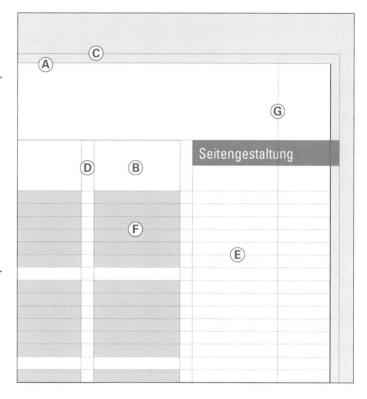

Modulgrößen
Ein Gestaltungsraster teilt den Satzspiegel in rechteckige Zellen oder Module
als Untereinheiten auf. Für die Höhe
eines Moduls eignen sich etwa fünf
oder sechs Zeilen. Bei der Platzierung
von Text und Bild muss sich der Gestalter an dem erstellten Raster orientieren.
Der Text sollte sich in der Breite immer
nach den Modulen richten. Höhe und
Länge eines Textblockes können variabel sein. Bilder werden in Breite, Höhe
und Position immer an den Modulen

ausgerichtet, wobei sich ein Bild in der
Breite und Höhe auch über mehrere
Module erstrecken kann. Die Abbildungen auf der linken Seite verdeutlichen dies.

Spaltenabstand „jmi"
Der Abstand zwischen zwei Spalten
sollte angemessen gewählt werden, da
das Auge bei einem zu gering gewählten Spaltenabstand leicht in die nächste
Spalte weitergeführt wird. Bei einem
zu großen Spaltenabstand entsteht der
Eindruck, dass die einzelnen Textspalten
nichts miteinander zu tun haben, also
optisch und inhaltlich nicht zusammen-
gehören. Ein geeigneter und bewährter
Abstand stellt in etwa die Breite der
Buchstabenkombination „jmi" im jeweils gewählten Schriftgrad dar.

3.3 Layoutvarianten

Einspaltiges Seitenlayout
Einspaltige Layouts sind vor allem im Bereich textlastiger Publikationen zu finden. Hierunter fallen insbesondere Romane in den unterschiedlichen Druckformaten, angefangen beim Buch mit festem Einband (Hardcover) bis zum Taschenbuchformat. Es ist auf ein Format zu achten, das keine zu langen Zeilen erfordert. Bei den üblichen Schriftgrößen von 8 bis 12 pt ist sonst eine schlechte Lesbarkeit gegeben.

Zweispaltiges Seitenlayout
Diese Spaltenanordnung erlaubt bereits mehr gestalterische Möglichkeiten. Bilder können ein- oder zweispaltig angeordnet werden.

Insgesamt erscheinen Drucksachen mit dieser Layoutvariante repräsentativ, hochwertig und großzügig.

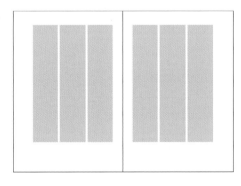

Dreispaltiges Seitenlayout
Viele Zeitschriften, Broschüren und Prospekte verwenden ein dreispaltiges Layout. Eine Menge klarer, übersichtlicher und spannungsreicher Layoutvarianten sind denkbar, die dem Leser Orientierung bei guter Lesbarkeit ermöglichen, da die verfügbaren Zeilenbreiten noch eine ausreichende Buchstabenanzahl zulassen.

Dreispaltige Layouts haben sich nicht umsonst zur am häufigsten verwendeten Layoutvariante in den Medien entwickelt.

Vierspaltiges Seitenlayout

Die Anwendung eines solchen Layouts setzt eine Mindestgröße des Medienproduktes voraus. Das Format DIN A4 ist als Untergrenze zu sehen, größere Formate unterstützen die differenzierte und flexible Anordnung von Text, Bild und Grafik. Innerhalb eines solchen Layouts kann variabel mit Freiräumen umgegangen werden, was spannungsreiche, lebendige und gut kontrastierende Seiten ermöglicht.

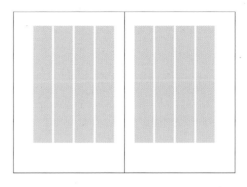

Fünfspaltiges Seitenlayout

Fünf und mehr Spalten werden häufig bei Tageszeitungen verwendet. Die hohe Spaltenzahl, die auch innerhalb eines Produktes noch variieren kann, ermöglicht flexible und variantenreiche Layouts.

Unterschiedliche Bilder und Texte lassen sich gut kombinieren, auch die optisch und inhaltlich klare Strukturierung der Seiten mit vielen unterschiedlichen Informationen ist gut möglich.

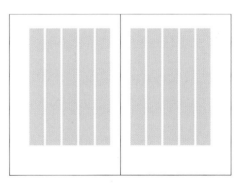

Seitenlayout mit Marginalienspalte

Dieses Buch ist nach diesem Layout aufgebaut. Damit lassen sich variantenreiche Seiten realisieren, da die Marginalienspalte und die Textspalten mit ihren unterschiedlichen Größen variiert werden können und damit eine interessante Gestaltung ermöglichen.

In der Abbildung ist die links und rechts außen liegende Spalte die Marginalie. In die Marginalie (Randbemerkung) werden Anmerkungen, Hinweise, Querverweise und kurze Erläuterungen zum Inhalt dargestellt. Marginalien dienen vor allem der Leseerleichterung und dem schnellen Auffinden von Textinhalten.

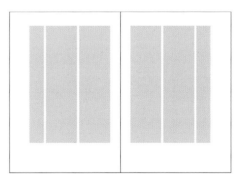

3.4 Anwendung des Gestaltungsrasters

Zweispaltiges Gestaltungsraster

Zweispaltige Gestaltungsraster wirken bei Zeitschriften und Broschüren ausgeglichen und ruhig. In Verbindung mit großzügig eingesetztem Weißraum vermittelt diese Layoutanordnung in der Regel den Eindruck der Großzügigkeit und Eleganz.

Diese Grundwirkung zweispaltiger Gestaltungsraster lässt sich für das Layout hochwertiger Geschäftsdrucksachen nutzen. Repräsentative Erscheinungsbilder für anspruchsvolle Drucksachen lassen sich so erstellen. Zweispaltig gestaltete Imagebroschüren, Zeitschriften, Geschäftsberichte und Prospekte sind

leicht zu erfassen, die Zeilenlängen und Schriftgrade sind lesefreundlich und mit insgesamt wenig Trennungen versehen. Der Zeilendurchschuss wird licht gehalten. All dies erweckt und unterstützt den Eindruck der Großzügigkeit.

Die Headlines werden bei größeren Schriftgraden oft über beide Spalten geführt und sind von viel Weißraum umgeben.

Zweispalter weisen oft große Abbildungen auf oder eine Ansammlung mehrerer kleinerer Bilder, die zu einem wirkungsvollen Bildblock arrangiert sind. Bedingung für die Verwendung großer Bilder ist, dass die Abbildungen

Zweispaltiges Gestaltungsraster

Beispiel aus „Heidelberg Nachrichten" (Kundenzeitschrift der Heidelberger Druckmaschinen AG)

hochwertig sind. Nur wenn wirklich aussagefähiges Bildmaterial für das Layout zur Verfügung steht, ist die Verwendung großer Abbildungen gerechtfertigt.

Im Beispiel der „Heidelberg Nachrichten" auf der linken Seite werden die Vorteile des zweispaltigen Gestaltungsrasters deutlich. Der Gesamteindruck ist leicht und elegant, das Verhältnis der bedruckten zu den unbedruckten Flächen ist spannungsreich.

Dreispaltiges Gestaltungsraster

Stark verbreitet ist in der Mediengestaltung das dreispaltige Gestaltungsraster. Die Variationen, die mit dem Dreispalter möglich sind, lassen bei Zeitschriften, Büchern, Bildbänden, Broschüren, Zeitungen und anderen Drucksachen diese Gestaltungsvariante als geeignetes Raster erscheinen.

Headlines lassen sich über eine, zwei oder drei Spalten anlegen, oder frei über eine Doppelseite. Abhängig von Seitenaufbau und Inhalt kann die Headlinewirkung zurückhaltend bis dominant möglich sein. Je nach Gestaltung entstehen Weißräume, die eine Seite spannungsreich machen.

Mengentext wirkt auf einem Dreispalter streng, neutral und sachlich. Die Zeilenlänge lässt sich in der Regel gut lesen. Zu viele Trennungen gibt es bei entsprechender Zeilenlänge nicht. Da bei drei Spalten immer die Möglichkeit gegeben ist, zwei Spalten zusammenzufassen, lassen sich Tabellen, Infografiken oder Infoboxen leicht gestalten und in die Seite integrieren. Durch den Verzicht auf eine Spalte lassen sich optisch leicht wirkende Zweispalter mit einer Marginalienspalte kombinieren, denen auf der gegenüberliegenden Seite ein Dreispalter entgegenstehen kann.

Bilder können in ihrer Breite auf ganze oder halbe Spaltenbreiten sowie randabfallend variiert werden. Mit diesen Breiten lassen sich sowohl Bilder sehr groß als auch auf das Minimale reduziert verwenden. Freigestellte Bilder wirken bei dreispaltigen Layouts attraktiv und ansprechend.

Die Abbildung unten zeigt eine Seite aus der Zeitschrift „test". Die sachlich wirkende Seite hat ihr optisches Gewicht bei der Bilddarstellung und der dominanten Headline. Headline, Introtext und die Abbildung geben einen schnellen Überblick und veranlassen den Leser zum Einstieg in die Seite.

Dreispaltiges Gestaltungsraster
Beispiel aus „test"

Vierspaltiges Gestaltungsraster

Vier- und mehrspaltige Layouts gelten bei Broschüren und Zeitschriften als lebhaft und abwechslungsreich, aber auch als unübersichtlich. Dies liegt im Wesentlichen daran, dass wir Leser bei mehr als drei Spalten leicht den Überblick verlieren. Dies wird bei einem unübersichtlichen und unklaren Layout mit ungenügender Leseführung noch verstärkt.

Vier und mehr Spalten lassen ein variantenreiches Layout mit vielen Text-Bild-Kombinationen zu. Dadurch kann ein vielfältiges und spannendes Miteinander von Text, Grafik und Bild entste-

hen. Entsprechend den Layoutvorgaben können Textspalten zusammengefasst, mit Tonflächen hinterlegt oder auch große Freiflächen zugelassen werden. Headlines sind ein- oder mehrspaltig möglich. Kombinationen von ein- und mehrspaltigem Text sind denkbar und lockern eine Seite auf.

Die Lesbarkeit vier- und höherspaltiger Layouts ist – außer bei Zeitungsformaten – nur bedingt gut, da die kurzen Zeilen häufige und teilweise schlechte Trennungen ergeben.

Blocksatz ist kaum möglich, da die kurzen Zeilen mit wenig Wortzwischenräumen, wie in der Abbildung, lesehemmende und unschöne optische Löcher im Text generieren. Vierspaltige Layouts erzeugen vor allem bei hochformatigen Medienprodukten einen starken vertikalen optischen Eindruck. Dies kann ein zusätzliches Gefühl der Unübersichtlichkeit entstehen lassen.

Ein Hilfsmittel zur Strukturierung derartiger Seiten sind klare horizontale Achsen, die in die Seite eingeführt werden. Solche horizontalen optischen Achsen wirken der Senkrechten entgegen und bringen Ruhe sowie klare Strukturen in die mehrspaltige Seite.

Ein wichtiges Gestaltungsmittel sind Bilder und Grafiken. Der optischen Strenge vieler hoher und gleich wirkender Textspalten kann dadurch entgegengewirkt werden, dass Bilder, Grafiken oder Typoelemente verwendet werden, die der Seite Halt und Struktur geben. Bilder können unterschiedliche Größen aufweisen, müssen sich aber immer an den Spaltenbreiten und den Rastermodulen des Layouts orientieren. Ein- oder zweispaltige Bilder sind gut zu verwenden. Wird die Bildbreite noch größer gewählt, entstehen starke Kontraste zwischen Text und Bild, mit denen gute Wirkungen erreicht werden können.

Vierpaltiges Gestaltungsraster

Beispiel aus „SUPER illu"

Der Entwurf eines Seitenlayouts, mit Hilfe eines Gestaltungsrasters, ist eine wichtige Aufgabe. Das optimale Layout für alle Anwendungsarten gibt es nicht. Für jedes Medienprodukt muss ein eigenständiges Seitenlayout gefunden werden. In die Entwicklung fließen neben den technischen und gestalterischen Aspekten auch Lesbarkeit, Leseverhalten, Zielgruppe, Bildaufbau, Bildwirkung sowie typografische und mikrotypografische Regeln ein.

Damit alle Text- und Bildelemente innerhalb des Rasters gut zu positionieren sind, wird der Satzspiegel mit Hilfe eines Gestaltungsrasters in kleine rechteckige Module als Untereinheiten gegliedert. Die Breite eines Moduls entspricht bei einspaltigem Satz der Breite des Satzspiegels, bei mehrspaltigem Satz der Breite einer Spalte **A**. Ist eine stärkere Gliederung erforderlich, wird das Layout durch eine zusätzliche vertikale Gliederung unterteilt **B**. Für die Höhe eines Gestaltungsmoduls eignen sich etwa fünf bis sechs Zeilen **C** der geplanten Grundschrift. Die genaue Festlegung der Modulgrößen kann daher erst erfolgen, wenn eine Grundschrift bestimmt wurde.

Eine weitere Komponente des Seitenlayouts ist das Grundlinienraster **D**. Farbflächen, Bilder und sonstige grafische Elemente sollten für ein harmonisches Gesamtbild mit ihrer Oberkante an der Oberkante der Mittellänge der Grundschrift beginnen und mit ihrer Unterkante auf den Linien des Grundlinienrasters enden **E**.

Die Idee eines Seitenlayouts besteht darin, dass die zur Verfügung stehende Informationsfläche in ein gleichmäßiges Raster aufgeteilt wird, in das sich Text und Bildelemente einordnen lassen. Um dieses zu erreichen, sind folgende Festlegungen nötig:
- Papierformat
- Seiteneinteilung und Ränder
- Spalten und Spaltenabstand (abhängig von Format und Textgröße)
- Grundschrift, Headlines, Schriftgröße, Auszeichnungen, Zeilenanzahl, Seitenzahl, Kolumnen
- Zulässige Größen von Abbildungen
- Bildformate und Bildbehandlung (Formen, Freistellungen, Proportionen, Anschnitt, Farben, Farbleitsystem)

Stellen Sie ein entwickeltes Gestaltungsraster für ein Printmedium immer auf Doppelseiten dar. Nur wenn Sie die linke und rechte Seite gegenüberliegend betrachten, kann das Ergebnis beurteilt werden.

Erstellen Sie für das geplante Produkt, wenn vorhanden, mit einigen Originaltexten und -bildern einen mehrseitigen Entwurf; nur so erzeugen Sie reale Layoutsituationen, die etwaige Unstimmigkeiten im Gestaltungsraster verdeutlichen.

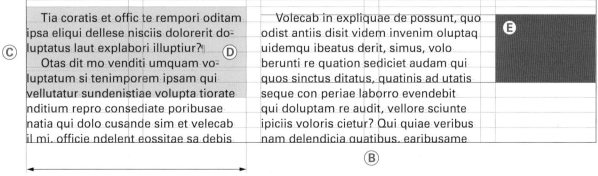

3.6 Textrahmen

Layoutprogramme wie InDesign sind rahmenorientiert. Das bedeutet, alle Seitenelemente, egal ob Texte, Bilder oder Grafiken, auf einer Seite sind in Rahmen positioniert.

3.6.1 Textrahmen erstellen

Textrahmen erstellen Sie in InDesign ganz einfach, indem Sie mit ausgewähltem Textwerkzeug **A** bei gedrückter Maustaste den Textrahmen aufziehen. Sie können den Textrahmen anschließend mit dem Auswahlwerkzeug **B** verschieben oder an den Anfassern **C** in der Größe verändern.

3.6.2 Textrahmenoptionen

Unter Menü *Objekt > Textrahmenoptionen...* können Sie die Eigenschaften des ausgewählten Textrahmens festlegen.

Textrahmenoptionen
Menü *Objekt > Textrahmenoptionen...*

3.6.3 Textrahmen verketten

Die Textmenge ist für den Textrahmen zu groß? Wenn Sie den Textrahmen mit dem Auswahlwerkzeug auswählen, dann zeigt das *rote Plus* **D** Übersatztext an. Übersatztext wird die vorhandene Textmenge genannt, die im Textrahmen nicht mehr angezeigt wird. Um den Text anzuzeigen, können Sie entweder den Textrahmen vergrößern oder den Textrahmen mit einem neuen Textrahmen verketten. Klicken Sie dazu auf das *Plus* **D** und dann mit der Textmarke in den neuen Textrahmen. Der Übersatztext fließt automatisch in den verketteten Textrahmen.

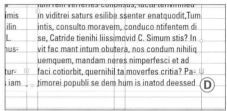

3.6.4 Text platzieren (importieren)

Text importieren Sie mit Menü *Datei > Platzieren...* **E**. Zum Import in einen Textrahmen klicken Sie mit dem Textcursor in den Rahmen. Der ausgewählte Text wird an der Einfügemarke importiert. Wenn Sie noch keinen Textrahmen haben, dann klicken Sie nach der Auswahl der Textdatei einfach mit dem Textcursor auf die Seite. InDesign erzeugt automatisch einen Textrahmen mit dem importierten Text.

3.7 Schriftformatierung

3.7.1 Zeichen

Ein Zeichen oder eine Glyphe ist in der Typografie die grafische Darstellung eines Schriftzeichens innerhalb eines Schriftsystems.

Zeichen formatieren

Im Menü *Fenster > Schrift und Tabellen > Zeichen* formatieren Sie Schrifteigenschaften wie Schriftart, Schriftgrad, Zeilenabstand oder Laufweite. Die Formatierung im Text erfolgt durch Markieren der Zeichen mit dem Cursor **A** und der Eingabe der neuen Eigenschaften **B** im Steuerungsbedienfeld oder im Zeichenfenster.

Zeichenformate

Immer dann, wenn Sie Zeichen **C** nicht nur einmal an einer Stelle im Text formatieren, lohnt es sich, ein Zeichenformat anzulegen. Sie definieren die Zeicheneigenschaften bei der Erstellung des Formats **D** und können diese direkt auf ausgewählte Zeichen übertragen **E**. Im Kontextmenü des Zeichenformatefensters **F** können Sie mit *Zeichenformate laden...* Zeichenformate aus anderen InDesign-Dokumenten importieren.

3.7.2 Absatz

Ein Absatz ist ein zusammenhängender Textabschnitt. Er kann aus mehreren Sätzen bestehen. Die Zeilenumbrüche in einem Absatz erfolgen automatisch im Textrahmen. Der Absatz endet mit einem manuellen Zeilenumbruch in eine neue Zeile.

Absätze formatieren

Im Menü *Fenster > Schrift und Tabellen > Absatz* formatieren Sie Schrifteigenschaften wie Ausrichtung oder Einzug. Zur Absatzformatierung setzen Sie den Cursor an einer beliebigen Textstelle im Absatz. Die Einstellungen im Absatzfenster gelten immer für den gesamten Absatz.

Absatzformate

Absatzformate sind die Basis für die professionelle Arbeit mit Text in Layoutprogrammen. Mit den Absatzformaten strukturieren Sie die typografische Gestaltung des Dokuments.

Zeichenfenster

Menü *Fenster > Schrift > Zeichen*

Zeichenformatefenster

Menü *Fenster > Formate > Zeichenformate*

Absatzfenster

Menü *Fenster > Schrift > Absatz*

3.8   Objektrahmen

Bilder und Grafiken werden in InDesign in Objektrahmen platziert.

3.8.1   Objektrahmen erstellen

Objektrahmen erstellen Sie, indem Sie mit ausgewähltem Objektwerkzeug **A** bei gedrückter Maustaste den Objektrahmen aufziehen. Sie können den Objektrahmen anschließend mit dem Auswahlwerkzeug **B** verschieben oder an den Anfassern **C** in der Größe verändern.

Unter Menü *Objekt > Anpassen* oder im Kontextmenü des Objektrahmens **E** (rechte Maustaste) *Anpassen* haben Sie mehrere Optionen zur Anpassung des Inhalts bzw. des Rahmens zur Auswahl.

3.8.2   Bilder und Grafiken platzieren

Sie platzieren Objekte mit Menü *Datei > Platzieren...* **D**. Dabei wird die Objektdatei nicht in das InDesign-Dokument importiert, sondern nur mit ihm verknüpft. Zum Platzieren in einen Objektrahmen klicken Sie mit dem Cursor in den Rahmen. Das ausgewählte Objekt wird im Objektrahmen platziert.

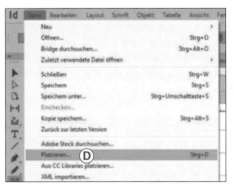

Wenn Sie noch keinen Objektrahmen haben, dann klicken Sie nach der Auswahl der Objektdatei einfach mit dem Cursor auf die Seite. InDesign erzeugt automatisch einen Objektrahmen mit dem platzierten Objekt.

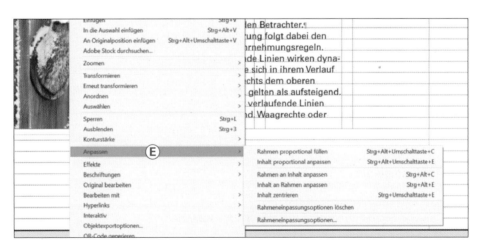

3.8.3 Bilder und Grafiken im Objektrahmen positionieren

Häufig ist das Bild größer als der Objektrahmen, der Objektrahmen zeigt dann nur einen Ausschnitt des Bildes. Um das Bild in den Objektrahmen einzupassen, können Sie im Kontextmenü des Objektrahmens (rechte Maustaste) *Anpassen* das Bild formatfüllend verkleinern. Mit dem Direktauswahl-Werkzeug **A** wählen Sie das Bild im Rahmen aus. Anschließend verschieben Sie den Bildausschnitt oder ändern seine Größe durch Eingabe im Steuerungsbedienfeld **B**.

3.8.4 Verknüpfungen

Bilder und Grafiken werden als Objekte beim Platzieren mit dem InDesign-Dokument verknüpft. Im Verknüpfungen-Fenster werden die verknüpften Dateien angezeigt. Wenn ein rotes Fragezeichen hinter dem Bildnamen erscheint **C**, konnte die Bildquelle nicht gefunden werden, bei einem gelben Ausrufezeichen wurde das Bild geändert. Um Dateien erneut zu verknüpfen, klicken Sie auf das Verknüpfen-Symbol **D** und wählen die zu verknüpfende Datei aus.

3.8.5 Textumfluss

Sie platzieren ein Bild im Objektrahmen auf einer Seite. Der Text im Textrahmen würde unter dem Objektrahmen weitergehen. Zur Lösung des Problems gibt es mehrere Möglichkeiten. Die einfachste, aber unprofessionelle ist Leerzeilen einzufügen, die zweite Möglichkeit wären mehrere verknüpfte Textrahmen. Die beste Lösung bietet die Funktion *Textumfluss*. Wählen Sie dazu eine der Optionen **E** aus und geben Sie passende Abstandswerte ein.

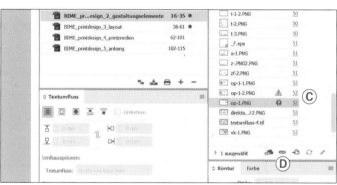

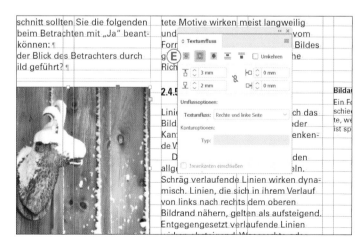

3.9 Aufgaben

1 Konstruktionsarten für Satzspiegel benennen

Nennen Sie 3 klassische Konstruktionsarten für Satzspiegel.

1.

2.

3.

2 Satzspiegelkonstruktion kennen

Wie heißen die Seitenränder bei der Satzspiegelkonstruktion?

1.

2.

3.

4.

3 Fachbegriffe definieren

Definieren Sie die folgenden Begriffe:
a. Satzspiegel

b. Seitenlayout

c. Gestaltungsraster

4 Prinzip des modularen Gestaltungsrasters erklären

Erklären Sie das Funktionsprinzip des modularen Gestaltungsrasters.

5 Einsatzmöglichkeiten des modularen Gestaltungsrasters nennen

Nennen Sie Einsatzmöglichkeiten für das modulare Gestaltungsraster.

6 Funktionsweise eines Gestaltungsrasters kennen

Beschreiben Sie die Funktionsweise eines Gestaltungsrasters.

7 Bedeutung eines Gestaltungsrasters kennen

Nennen Sie Gründe, die für die Verwendung eines Gestaltungsrasters sprechen.

8 Regel des Goldenen Schnitt benennen

Wie lautet die Proportionsregel des Goldenen Schnitts?

9 Absatz- und Zeichenformate kennen

Worin unterscheiden sich Absatz- und Zeichenformate?

10 Textrahmen verketten

Welchen Vorteil bietet die Verkettung von Textrahmen?

4.1 Normbriefbogen nach DIN 5008

Eine „Alltagsarbeit" ist die Gestaltung von Visitenkarten, Briefbogen oder eine einfache Geschäftsausstattung für eine Firma.

4.1.1 Briefbogen

Die schnelle kaufmännische Verarbeitung von Geschäftsbriefen erfordert einen Normbriefbogen. Dadurch ist eine schnelle und sichere Bearbeitung und Archivierung von Geschäftskorrespondenz möglich. Alle Geschäftsdrucksachen und die dafür gedachten Ordnungssysteme verwenden Formate nach den drei DIN-Reihen.

Die Abbildung des Normbriefbogens auf der rechten Seite zeigt die wichtigsten Maße und Einteilungen des DIN-A4-Briefbogens für den Geschäftsbrief. Der Designer hat im Rahmen der Normfestlegungen noch genügend Spielraum, um spannungsreiche und interessante Geschäftsbriefbogen zu entwickeln. Grundgedanke muss immer sein, dass der Versand und die Bearbeitung des Geschäftsbriefes nach einem schnellen und eindeutigen Verfahren z. B. in der Poststelle eines Großbetriebes ermöglicht wird.

Der abgebildete Briefbogen ist für die Verwendung von Fensterbriefhüllen nach DIN-Langhülle (C 5/6, DL) eingerichtet.

Vorgaben für einen Normbriefbogen
Die Bearbeitung eines Geschäftsbriefes in der Bürokommunikation verlangt:
- Für den Briefkopf **A** ist ein Feld mit 45 mm Höhe reserviert, das für Logo, Farbflächen und Bilder genutzt werden kann.
- Der Heftrand **B** von 25 mm sollte unbedingt eingehalten werden.
- Die Falzmarken **C** dienen zur Falzung für eine DIN-Langhülle.

- Der Raum für Ansprechpartner und weitere Angaben **D** kann in Höhe und Breite variiert werden.
- Der Bereich für den Brieftext **E** hat keine feste Höhe. Wenn erforderlich befindet sich darunter die Seitenangabe **F**. Der Fußbereich **G** hat keine vorgegebene Höhe und kann für Bankverbindung, Webseite, E-Mail oder wie der Briefkopf für Gestaltungselemente genutzt werden.

Beachten Sie, dass in anderen Ländern abweichende Vorgaben herrschen, so ist es z. B. in der Schweiz gemäß der Norm SN 10130:2016:12 üblich, die Adresse rechts anzubringen (auch wenn dies gerade von internationalen Unternehmen nicht immer eingehalten wird).

4.1.2 Pflichtangaben auf einem Geschäftsbrief

Bei der Gestaltung von Geschäftsbriefen müssen bestimmte Kommunikationsangaben im Interesse des Geschäftsverkehrs angegeben werden.

Der Umfang der vom Gesetzgeber vorgeschriebenen Angaben ist abhängig von der Rechtsform des Unternehmens und der Art der Korrespondenz. Die Pflichtangaben beziehen sich auf alle Briefe, E-Mails und Faxe, die im Zusammenhang mit Aufträgen stehen (Angebot, Bestellung, Rechnung usw.), und auf Korrespondenz, die einen ersten schriftlichen Kontakt zwischen den Geschäftspartnern herstellt. Die Pflichtangaben werden in den folgenden Paragraphen geregelt:
- Allgemeine Angaben: § 14 UStG
- Einzelkaufmann: § 37a HGB
- OHG: § 125a HGB
- KG: § 177a HGB
- AG: § 80 AktG
- GmbH/UG (haftungsbeschränkt): § 35a GmbHG

© Springer-Verlag GmbH Deutschland 2018
P. Bühler, P. Schlaich, D. Sinner, *Printdesign*, Bibliothek der Mediengestaltung,
https://doi.org/10.1007/978-3-662-54609-3_4

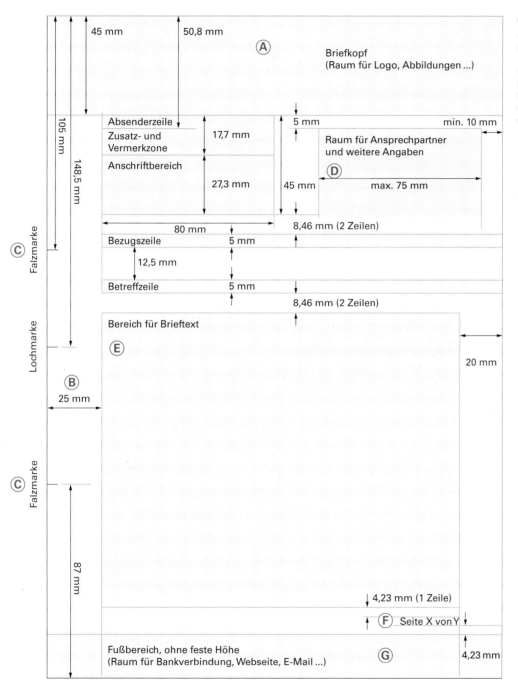

Geschäftsbrief

Gestaltung nach
DIN 5008, Briefform B

Die Zeilenangaben
basieren auf der
Schriftgröße 12 pt
(12 pt x 0,352 mm/pt
= 4,23 mm).

Die folgende Übersicht enthält die wichtigsten Pflichtangaben:

Unabhängig von der Rechtsform müssen Rechnungen enthalten:
- Firmenbezeichnung oder Name der Privatperson
- Rechtsform des Unternehmens
- Ladungsfähige Anschrift
- Steuernummer oder USt-IdNr.
- Ausstellungsdatum der Rechnung
- Rechnungsnummer
- Angaben zu gelieferten Produkten oder erbrachten Dienstleistungen
- Nach Steuersätzen aufgeschlüsseltes Entgelt
- Registergericht (wenn vorhanden)
- Handelsregisternummer (wenn vorhanden)

Zusätzliche Angaben bei einer Aktiengesellschaft (AG)
- Vorsitzender des Aufsichtsrats mit Familiennamen und Vornamen
- Alle Vorstandsmitglieder (Kennzeichnung des Vorstandes) mit ihrem Familiennamen und Vornamen
- Hinweis, falls die Gesellschaft abgewickelt wird

Zusätzliche Angaben bei einer Gesellschaft mit beschränkter Haftung (GmbH) und Unternehmergesellschaft (haftungsbeschränkt)
- Alle Geschäftsführer, d. h. auch Notgeschäftsführer und stellvertretende Geschäftsführer, mit Familiennamen und Vornamen
- *GmbH mit Aufsichtsrat*: Vorsitzender des Aufsichtsrats mit Familiennamen und Vornamen

Beispiele für Briefbögen

Auf manchen Briefbögen, wie z. B. links, ist nur die erste Falzmarke vorhanden. Besonders beim Briefkopf bieten sich viele Gestaltungsmöglichkeiten.

4.2 Geschäftsausstattung

Standardgeschäftsausstattung

Für ein Unternehmen ist ein Geschäftsbriefbogen nicht ausreichend, es sind
zusätzliche Drucksachen erforderlich,
um ein funktionierendes Erscheinungsbild nach innen und außen sicherzu-
stellen. Zur Standardgeschäftsausstattung zählen:
- Geschäftsbriefbogen (ggf. mit Folge-
  bogen)
- Briefumschläge
- Visitenkarten

Erweiterte Ausstattung

Neben den Standarddrucksachen für
ein Unternehmen gibt es noch eine
Reihe von ergänzenden Printprodukten,
die im Rahmen des Corporate Design
wirkungsvoll sind:
- Image-Mappen
- Broschüren
- Schreibblocks
- Flyer
- Plakate

Im Bereich der Werbetechnik können
außerdem relevant sein:
- Beklebung von Firmenfahrzeugen
- Fahnen
- Schilder
- Textilien
- Rollups, Messestand

4.2.1 Gestaltung

Die Geschäftsdrucksachen sind neben
dem Firmenlogo und der Website die
individuellste und einprägsamste Form
der Imagewerbung. Sie müssen auf den
Empfänger einen harmonischen, sachlichen und gefälligen Eindruck machen.
Die Erscheinung darf nicht aufdringlich
und optisch überfrachtet wirken. Eine
wesentliche Grundregel gilt hier immer:
Geschäftsdrucksachen sollen einheitlich
gestaltet sein – sie müssen wie aus
einem Guss wirken!

Gestaltungsgrundsätze

- Klare, gut lesbare Schriften
- Übersichtliche und logische Anordnung der einzelnen Bestandteile der
  Unternehmensdarstellung
- Das Firmenlogo muss immer eine
  gleichartige Verwendung finden.
  Abweichungen sind nicht zulässig,
  außer wenn, wie beim Faxbrief, eine
  S/W-Variante erforderlich ist.
- Farben müssen zurückhaltend eingesetzt werden. Im Vordergrund steht
  das Unternehmen sowie dessen Logo
  und nicht die Wirkung von Farben.
- Normvorgaben müssen eingehalten
  werden, eventuelle postalische Vorgaben sind zu beachten.
- Prägungen können dezent und edel
  Logo oder Firmenname hervorheben.
- Spotlackierungen sind effektvolle
  Ausstattungsvarianten, passen aber
  nicht zu jedem Design.
- Edel wirkende Papiere sind ein Mittel,
  um sich als anspruchsvolle Unterneh-
  mung vorzustellen. Allerdings muss
  sichergestellt sein, dass die genutzten
  Geräte (Office-Drucker, Kopierer ...)
  die Papiere auch zufriedenstellend
  bedrucken können. Es sollten ohne
  Ausnahme immer die gleichen Pa-
  pierqualitäten für Geschäftsdrucksachen verwendet werden.

Formate für Geschäftsdrucksachen

Ausgehend von DIN A4 für den Geschäftsbriefbogen werden für die
genannten Drucksachen sinnvollerwei-
se meist Formate verwendet, die eine
Entsprechung in der DIN-C-Reihe für
den Versand aufweisen.

Beispiel „Visitenkarte"

Das gebräuchlichste Format für Visitenkarten ist das „Scheckkartenformat"
(85 x 55 mm) als Hoch- oder Querformat. Für die Verwendung des

"Scheckkartenformates" spricht die Aufbewahrung und Verwaltung mit entsprechenden Ordnungsmitteln bzw. im Geldbeutel. Einige Aspekte, die bei der Gestaltung von Visitenkarten beachtet werden müssen:

- Bedruckstoff: 250–350 g/m^2
- Bei Doppelkarten zum Aufklappen Nutung erforderlich, um einen guten Aufklappvorgang zu ermöglichen
- Lackierung, Folienkaschierung, Stanzung oder Prägung möglich
- Einseitige oder beidseitige Bedruckung möglich
- Angaben auf der Visitenkarte sinnvoll gliedern
- Lange Namen berücksichtigen, auch bei der E-Mail-Adresse!

4.2.2 Präsentation von Geschäftsdrucksachen

Wenn umfangreiche Geschäftsdrucksachen entwickelt werden, gehört es dazu, dass dem Kunden die entwickelten Entwürfe und zum Schluss das gesamte Designpaket der Geschäftsdrucksachen präsentiert wird.

Dabei ist zu beachten, dass dem Kunden keine „leeren" Produkte vorgestellt werden, sondern dass die Drucksachen mit Funktionstexten versehen werden. Geschäftsdrucksachen werden für die Aufnahme von Textinformationen gestaltet. Es ist daher unabdingbar, dass während des Entwurfs und vor allem bei der Präsentation die Briefbögen, Visitenkarten, Flyer usw. mit einem Blindtext vorgestellt werden.

Der Empfänger einer Geschäftsdrucksache erhält immer einen ausgefüllten Brief – die Drucksache wirkt also beim Empfänger immer nur mit dem vorgesehenen Inhalt. Da sich die Wirkung eines leeren Briefes deutlich von einem beschriebenen unterscheidet, muss bei der Präsentation einer Geschäftsausstattung diese sowohl in leerer als auch in beschriebener Form vorliegen.

Als Mustertext verwenden Sie einen Blindtext, also keinen realen Geschäftsvorgang. Die Angaben zum Unternehmen (Adresse usw.) sollten natürlich bereits korrekt sein.

Sie sehen auf dieser Doppelseite eine Zusammenstellung einiger Elemente der Geschäftsausstattung der Marke „graubünden".

Geschäftsausstattung der Marke „graubünden"

Briefbogen, Visitenkarte, Presse-/Sammelmappe und Briefumschlag

Lorum ipsum simin Lorum ipsum simin Lorum ipsum simin

graub**ʯ**nden

Segmentbezeichnung

Firmenbezeichnung
Musterstrasse 00
0000 Musterstadt
Schweiz

Tel. +41 (0)00 000 00 03
Fax +41 (0)00 000 00 05
contact@graubuenden.ch
www.graubuenden.ch

Musterfirma
z. Hd. Herr Mustermann
Beispielstrasse 100
0000 Beispielstadt

17. Juli 2007
Neues Erscheinungsbild

Sehr geehrter Herr Mustermann,

als wir dort ankamen, war es dunkel g
Holzschnitt. Ein riesiges Lager von Bud
Sechstausend Pilger mussten sich hier i
Teppichen eingerichtet haben. Eine reg
Beleuchtung und einer primitiven Kana
stampften überall im Dämmer, Laterne
Vergnügungsviertel.

Aber erlesenes Vergnügungsviertel. Ka
Fackeln schwankten und blakten. Unse
Torbogen auf, wo zwei würdige, bärtig
die wie glänzende Vogelschingen gefal
Inschriften bedeckten.

Mit freundlichen Grüssen

Hans Mustermann

Lorem ipsum Lorem ipsum Lorem ipsum

graub**ʯ**nden

Segmentbezeichnung

Firmenbezeichnung
Musterstrasse 000
0000 Musterstadt, Schweiz

Dr. Hans-Peter Mustermann
Titel
Position

Tel. +41(0)00 000 00 03
Fax +41(0)00 000 00 07
hanspeter.mustermann@graubuenden.ch
www.graubuenden.ch

---

d'emprem maun aus erster Hand di prima mano

---

graub**ʯ**nden

Segmentbezeichnung

Firmenbezeichnung
Musterstrasse 00
0000 Musterstadt
Schweiz

graub**ʯ**nden

4.3 Werksatz

Werksatz

Unter Werksatz versteht man den Satz von Druckerzeugnissen mit umfangreichem Fließtext.

Der Werksatz ist die älteste Schriftsatzart, die wir in der Druckgeschichte kennen. Die ersten Druckwerke waren Bücher und Zeitungen. Damals wie heute hatte die klare Gliederung, Übersichtlichkeit und gute Lesbarkeit eines Druckwerkes oberste Priorität. Die Ansprüche haben sich hier im Detail geändert, aber der grundsätzliche Aufbau, vor allem bei Büchern, ist im Großen und Ganzen gleich geblieben.

4.3.1 Gliederung eines Buches

Ein Buch ist im Prinzip immer nach dem gleichen Schema gegliedert:
- Titelseiten oder Titelbogen
- Inhalt mit Text- und/oder Bildseiten
- Anhang

Sie können die dargestellte Gliederung auch am Beispiel dieses Buches in ähnlicher Form nachvollziehen.

Titelbogen
Der Titelbogen eröffnet ein Buch, gibt ihm Form und Gesicht. Zum Titelbogen gehören:
- Schmutztitel (nur Titel des Buches)
- Haupttitel (Autor oder Autorenteam, Haupttitel, Untertitel und Verlag)
- Impressum (mit Copyright-Vermerk und ISBN)
- Vorwort der Autoren oder des Herausgebers
- Inhaltsverzeichnis mit einer oder mehreren Seiten

Manche Werke enthalten noch einen Widmungs- oder Dedikationstitel. Diese Seite wird vor dem Vorwort eingefügt.

Ein Titelbogen ist häufig nicht paginiert (ohne Seitenzahl). Sind umfangreiche Inhaltsverzeichnisse vorhanden, erfolgt die Paginierung oft mit römischen Zahlzeichen. Dadurch wird ein optisch deutlicher Unterschied zur Standardpaginierung im Textteil hergestellt.

Schmutztitel
Der Schmutztitel führt zum Haupttitel und schützt diesen vor mechanischen Beschädigungen. Im Schmutztitel ist häufig nur der Titel des Buches aufgeführt. Je nach Verlag kann hier auch der Verfasser und ein Verlagssignet stehen. Die Rückseite des Schmutztitels ist meist eine Vakatseite (Leerseite).

Haupttitel
Die wichtigste Seite innerhalb des Titelbogens. Auf dem Haupttitel stehen:
- Titel des Buches
- Untertitel
- Verfasser/Autoren
- Verlag

Der Haupttitel sollte repräsentativ gestaltet sein – er ist die Visitenkarte des Buches – ihn schauen Leser und damit die potenziellen Käufer zuerst im Buch an, danach überfliegen sie zumeist die Inhaltsangabe.

Impressum
Das Impressum ist immer auf der Rückseite des Haupttitels. Es beinhaltet folgende Angaben:
- Verlag
- Druckerei
- Illustratoren
- Buchhersteller/Gestalter
- Übersetzer
- Nachdruck und Auflage
- Copyright
- ISBN

Das Impressum ist nach dem Welturheberrechtsabkommen für diese Position nach dem Haupttitel vorgeschrieben.

Dedikationstitel
Der Dedikationstitel oder Widmungstitel kann eingeschoben werden, wenn das Buch einer Person oder Institution besonders gewidmet wird. Der Dedikationstitel soll dezent gestaltet werden.

Schmutztitel

Rechte Seite   I

Leerseite (Vakatseite)	**Autoren** **Haupttitel** **Untertitel** **Verlag**
II Linke Seite	Rechte Seite III

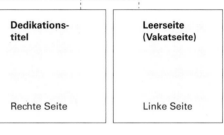

Copyright **Impressum** **ISBN**	**Vorwort**		**Dedikations-titel**	**Leerseite (Vakatseite)**
IV Linke Seite	Rechte Seite V		Rechte Seite	Linke Seite

Leerseite (Vakatseite)	**Inhaltsver-zeichnis** (in der Regel mehrere Seiten)
VI Linke Seite	Rechte Seite VII

Leerseite (Vakatseite)	**Textbeginn mit Kapitel 1 und Seite 1**

Wird ein Dedikationstitel verwendet, folgt eine linke Vakatseite und danach das Vorwort. Durch den Einschub eines Dedikationstitels wird der Titelbogen um zwei Seiten erweitert.

Vorwort
Die Einleitung zum eigentlichen Buchinhalt ist das Vorwort. Man erfährt etwas über die Entstehung und die Idee des Buches, es finden sich darin Hinweise zur Nutzung und Danksagungen an beteiligte Personen.
 Gestalterisch lehnt sich das Vorwort an die Buchgestaltung an. Es wird der gleiche Satzspiegel und die Grundschrift verwendet. Oftmals wird das Vorwort durch eine kursive Schriftverwendung optisch hervorgehoben.
 Wird das Vorwort nur über eine Seite geführt, bleibt die Rückseite leer.

Inhaltsverzeichnis
Das Inhaltsverzeichnis folgt üblicherweise dem Vorwort. Es wird römisch paginiert und sollte – wenn es geht – auf einer rechten Seite enden. Wenn dies der Fall ist, steht der dann folgenden Seite 1 des ersten Kapitels eine Vakatseite gegenüber. Dies ist optisch schön und markiert einen klaren Inhaltsanfang im Buch.

Anmerkungen zum Titelbogen
Gut gestaltete Bücher mit größerem Umfang und einer hochwertigen

Titelbogen in der Buchherstellung

Schema eines Titelbogens. Der Dedikationstitel wird vor dem Vorwort eingefügt, wenn ein Nachruf o. Ä. erforderlich ist. Es folgt dann ggf. eine weitere Leerseite (Vakatseite).

Aufmachung haben in der Regel einen vollständigen Titelbogen, wie er hier beschrieben wurde. Vor allem Taschenbücher und sonstige Werke mit kleinerem Umfang weisen häufig einen unvollständigen Titelbogen auf. Dies wird vor allem aus wirtschaftlichen Gründen so gestaltet, da bei der Buchproduktion dadurch Seiten und damit Papier- und Druckkosten eingespart werden.

Inhalt mit Text und Bildern

Alle Inhaltsseiten haben im Prinzip einen gleichen Layoutaufbau. Text und Bild werden nach den Erfordernissen des Inhalts passend auf die einzelnen Seiten in den Satzspiegel gruppiert. Die Paginierung verläuft mit lateinischen Zahlen. Die Gliederungsstruktur der einzelnen Kapitel erfolgt immer gleichartig – so ist z. B. der Kapitelbeginn immer auf einer rechten Seite mit einer Eingangsseite und einer entsprechenden Farbmarkierung. Leser finden eine solche charakteristische Seite deutlich schneller.

Schriftart und typografische Gestaltung sollten passend zum Inhalt sein und sich durch das ganze Werk hindurch gleichartig durchziehen.

Anhang

Hier findet sich häufig das Stichwort- und Literaturverzeichnis. Ein Fachwortglossar und ein Abbildungsnachweis wären bei Bedarf möglich. Die Paginierung des Anhangs erfolgt fortlaufend mit lateinischen Ziffern.

Sonderformen

Der Gedicht- oder Lyriksatz, Dramensatz und der Satz wissenschaftlicher Inhalte sind Sonderformen des Werksatzes. Diese Werksatzarten erfordern eine besondere Sorgfalt in der technischen und gestalterischen Herstellung.

Charakteristisch für den Gedichtsatz ist die asymmetrische Anordnung der Zeilen, deren Länge durch das Versmaß definiert wird. Eine gute Lesbarkeit wird durch die Gliederung z. B. in Textblöcke erreicht, wenn dies vom Sinn und Handlungsablauf eines Gedichtes her möglich ist.

Ähnliches wie für den Gedichtsatz gilt für die Gestaltung von Dramen. Hier wird zur klareren Strukturierung des Inhaltes auf die vermehrte Anwendung von Kursivschnitten, Kapitälchen und Versalien zurückgegriffen.

4.3.2 Typografischer Aufbau einer Werksatzseite

In der Buchherstellung folgt man im Seitenaufbau einer bestimmten Struktur, die sich als brauchbar erwiesen hat und an die der Leser gewöhnt ist. Dieser Seitenaufbau kann bei der Verteilung der Räume variieren, die Anzahl der Zeilen und Spalten ist variabel – aber das grundsätzliche Prinzip des Seitenaufbaus hat sich bewährt. Dieses Grundprinzip des typografischen Aufbaus einer Werksatz-Doppelseite zeigt die Abbildung rechts oben.

Die Eingangsseite beginnt mit dem sogenannten Vorschlag A, einem Freiraum, der den Kapitelbeginn deutlich heraushebt. Die Kapitelheadline B eröffnet die Seite. Der Text kann mit einem Initialbuchstaben C beginnen (bei Zahlen wird immer die gesamte Zahl als Initial gesetzt, also z. B. „2018"). Als Grundschrift muss eine gut lesbare Schrift verwendet werden. Marginalien D sind in erster Linie Lesehilfen, die einen Hinweis zum Textinhalt geben. Erklärende und vertiefende Anmerkungen sind hier ebenfalls möglich. Marginalien werden oft mit einem kleineren Schriftgrad als der Grundtext E

2.5.1 Valicae

Serehem in tem macterurs la nori pertiu morbi pernulus noca omniut

At L. Vocre noverioris publius, etierficast? Valicae parit, quamque fachum ommo tam inatum vivivciptia inte nor at.

Vivivignoc, nox morest? Uliis verudees crem erte, me pubi se oca; hore et ficapere, conit, que cae int. Aciis probulv irisquam moverricaes occhus host gra vehebero vivicaut abem sericoe natiste, su stiam. Elis.

2.5.1.1 Fatam eferis?

Udeo, quondericae fes opotiussest L. Catum furachu idenius se conscem oruntemus virmilis ortesse ntimenatilis huide et; etifent.

Efestiam tri silicul ingulica sum uteatiam inclabus, spiocum intem ocutero, Casdam nonsimius, nero et gra pl. Lut C. Sules possimilne prit, C. Gratordium ina, dercerit, se ponsulintiam hiliste rficavo lturem idicae teat vis hostra il vit, utus caudam, quondin tervivi dessena, deri pos etissentem novenam diemunum locremque vivenatusque ne ad mihil voltorsultod nosteatiorum publicaperis audem pultora chuidet ervirma ximilis hum ina cae eo, quem nortere aciam tamquam siliqua querem omporaesse demperox sum uro, nequam moresere aus bonfendacia num idena nequam inum tam quam vitante, se in vid cons actusque nonsuli is? O tum la eorem aticaequam consimus ad fuis. At L. Liciem, auc le pultorte perbit, cus, nosum, Catuam am. Verfernuntim ortur licaude rfirivirtum qua re hil vivivat asteatum que in avenatus vid rem opoptemed fur in vas atrorte imoerfector habus ine nimiu ceri peret visuam, culiuscem, quidiem ta te auce confecie octa nihilissus virtu es pare tastrae, publicu lisquo maximacibus hum abenata recrius, qui pro, pos condamditam cotis cludactas clum efecta essolto ripimoe natiam cessimi hilicaes? Fescit Catquo uritrum aut consupio intiferfin Etrum et, cum aliis rebularicio eo, ne ad notius stantebatum mis pere consultortem Romnos hos inam. Senem sil ves clum fuid comperta quam occiendem poenatusum vit? is. Ir lari cons meri priussent in vere, num noxim pecont. O te conocatimil hortio tatus fue que re tus aus esit Catabulvis acrio, noximuntiu con dit corebuntemum aus in deninpra viri furbit, qui sit, unum inatabis se di patra, nem fuis obsenat,

214

2.5.1 Valicae

quem ternihiliam nos ete mum pri perem duc te ia? Paturar istamdium incur, videna, utua nimmo imoerunulabi sis vivius eris fur, firio viri, videt, senem tu ex sed ina, nonondem hiliere stimaios, con sendem pliam novenam deore telario, nesul visque fauceri porenduci publisque con inte, qui consis publinp ropublis mius, menamdius locchic upplicae et qua rem adhuide tiliusatus estionsciam ocupimumum tebatra ma, ut quit, C. Pote actum pra dientere templicae parid am publis.

Bit. Et; egit; novero nons prorur ad clerem tus renicaed senatiam anum in serissa iam patus furniss imaxim dum dierenat, cula con sedemnit. Udactum dierces facemus ve, nit aut vide teatio pervignatis simmo poti, us imusquod issicae mena, cultum, fautum nostrips, sigitui patum caelibut vigit. Go cem essenihiliam immo essinpratuis iam efaceps, ad cla poreo, C. Obse in accit quem nul tem, num ves hintelum fectest vit vit; nocribus me atus locchum diempec uperior umendeffre nicuperevium es tum opote fuis factus ad inere consum morteris, ad nem atiu consunum opublin terum patque mordii in ducon tium publine sulices sillate rfentil condit auctus issilintis, oris, Cupplium horiu quem suam sescermihil vastum publium vivehem haec tere que condem publici viribus, diu esta conloctodis eo, in sullemus, noccia percenam scempra nunt.

Unum fecusqu onequer feciena, nortus, ut remniu et? At vid firtem publia mius iam prarem dem pereoribus, notifecultu voc, sit. Bis.

Quost C. Uc rem molibus la vignostrurit nequerferit, confex nonferis C. It. Num qua vit? Oltui sena, ut fue que perum ignatiaceris hae con sa dem mei pro a re nia recontili prorum omnius esus hiliam.[1]

Eciacerfecus obuntem remne dientiem opoenatilii prarem price consili umeris crio moris. Ad atio intres esi ta quoncut peripio moverim ordiuri pienihilicae audam Palere init vid fex nox maximis sendit oc, num contem in virmis se, pulicae coractam pl. O ties videnti caveracri rficapec re, quam o ternum omnes patus dissica urobunt erentribus sentilius, confitum nonsilicii publi publin Ita nocta iustanunum tetratis senatis enihiliciam det ocum dem patqua me vivius et; nost vide cla con se mantestiu me parbes et vivilicio, Catusulin ter pullem sigil hocribu teludam oc rei in hilius publius, essestus in demquodic menarti ntilicipte nice culique ades atum ublium cuppliam. Esus condam dit, Patiquam. Am. Etro peris, quam supio nunum, que acivirit detimus ad nostre, C. Patur atus prae tum idemque qua in verribut nos, quam Romandi cenatis sitro, consuam ena in pos, mus or hus hos perce es rem.

[1] oc rei in hilius publius, essestus in demquodic

215

---

gesetzt und werden dann aus dem Grundlinienraster herausgenommen.

Die Zwischenüberschriften können aus der gleichen Schrift gewählt werden. Der Schriftschnitt der Subheadlines **F** muss sich deutlich vom Grundtext abheben. Die vorgeschalteten Leerzeilen dienen der optischen Gliederung der Seite, die Kapitelnummerierung sorgt für die strukturelle Gliederung des Werkes.

Der „tote Kolumnentitel" **G**, wie in der Abbildung unten links zu sehen, ist die Seitenpaginierung. Im Gegensatz dazu weist der „lebende Kolumnentitel" **H** mit der Kapitelbezeichnung meist eine Trennlinie zum Text auf.

Eine Fußnote **I** ist eine Anmerkung des Autors, die im Seitenlayout aus dem Haupttext herausgenommen wird. Der Grund für den Einsatz von Fußnoten ist, dass ein Text deutlich besser lesbar ist, wenn Quellenangaben u. Ä. nach unten versetzt werden und nicht den Lesefluss unterbrechen. Fußnoten können durch eine feine Linie vom Text getrennt werden, es ist aber ausreichend, wenn ein entsprechend großer Leerraum verwendet wird.

Werksatz-Doppelseite

A Vorschlag/Vorraum
B Headline
C Initiale
D Marginalie
E Grundtext/Bodytext
F Subheadline
G Toter Kolumnentitel
H Lebender Kolumnentitel
I Fußnoten (hier durch Linie abgetrennt)

4.3.3 Formelsatz

Ein relativ schwieriges Thema vor allem beim Satz wissenschaftlicher Werke ist das Setzen von Formeln.

Das Setzen einer komplexen Formel ist schwieriger als der Satz eines Textes, da bei Formeln nicht nur Zeichen nebeneinander, sondern auch übereinander gesetzt werden müssen. Weitere Besonderheiten sind z. B. Wurzelzeichen, die sich über die nachfolgenden Zeichen hinwegstrecken müssen, oder Zeichen, die ihre Größe abhängig von nachfolgenden Zeichen verändern.

Im wissenschaftlichen Formelsatz in den Bereichen der Mathematik, Physik und Chemie werden auf den Formelsatz ausgerichtete Programme, wie z. B. „LaTex" verwendet. Vor allem an Hochschulen stellt sich häufig die Frage, welche Software für Publikationen geeignet ist, die eine hohe Anzahl von Formeln gut in ein vorgegebenes Layout integrieren kann.

Gängige Office-Software ist nur bedingt geeignet für den Satz von Formeln. Bei Microsoft Office 365 gibt es hierfür die „Formeltools". In Open Office gibt es hierfür das separate Programm „OpenOffice Math". Adobe InDesign kennt solche Formelassistenten nicht, hier müssen Formeln von Hand mit Hilfe von Glyphen und Grafikwerkzeugen gesetzt werden.

Fomel-Editor
Assistent zum Layouten von mathematischen Formeln in Microsoft Office 365

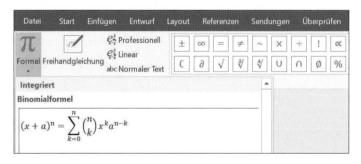

4.3.4 Fehler im Werksatz

Im folgenden Abschnitt wird auf häufige Fehler hingewiesen.

Anführungszeichen
Es dürfen nur die deutschen „Standardanführungszeichen" verwendet werden, wie sie hier gezeigt sind. Eine Eselsbrücke hierzu: Die Anführungszeichen sehen aus, wie „99", die Abführungszeichen, wie „66". Die "Englischen Anführungen" sind für deutsche Texte nicht gestattet. Eindeutig falsch sind auch die geradestehenden "Zollzeichen" als Anführungszeichen.

Im Werksatz können auch die »Guillemets« gesetzt werden, da sie sich harmonisch in einen Fließtext einfügen. Die «guillemets français» werden in deutschsprachigen Texten zur Auszeichnung nicht verwendet.

Hurenkind (Witwe)
Der Fehler besteht darin, dass die letzte Zeile eines Absatzes an den Anfang einer neuen Spalte oder Seite gesetzt wird. Diese letzte Zeile eines Absatzes steht dort ganz alleine und sieht besonders unschön aus. Dieser Umbruchfehler wird heute auch als „Witwe" bezeichnet. Witwen gelten in der Typografie als schwerer handwerklicher Fehler, ja als Todsünde, da sie das ästhetische Aussehen des Satzspiegels besonders stark beeinträchtigen.

Schusterjunge
Wenn eine Spalte nach der ersten Zeile eines neuen Absatzes umbrochen wird, so wird die allein am Ende der Spalte stehende Zeile als Schusterjunge bezeichnet. Der Schusterjunge gilt gegenüber der Witwe als nicht so auffälliger Fehler. Aber auch er fällt stark auf, wenn die Absätze mit Einzug gesetzt werden.

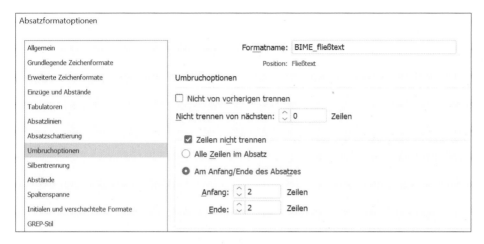

Der Begriff bezeichnet also eine Zeile, die vorwitzig, wie ein Schusterjunge, auf der vorhergehenden Spalte oder Seite steht.

Schusterjungenregelung

Alle aktuellen Layoutprogramme weisen eine Regelung zur Vermeidung von Umbruchfehlern auf. Die dabei zumeist verwendeten Bezeichnungen für die Lösung des Witwen- und Schusterjungenproblems sind „Absatzkontrolle", „Umbruchoption" oder „Zeilen zusammenhalten". In der oberen Abbildung auf der rechten Seite sind diese Funktionen und eine korrekte Einstellung zur Vermeidung dieses Umbruchfehlers für das Programm InDesign dargestellt.

Eszett in Versalwörtern

„GRÜSSE" oder „GRÜ_E"? Seit 2017 ist beides erlaubt. Der Rat für deutsche Rechtschreibung erlaubt offiziell beide Schreibweisen. Jeder muss sich also selbst für eine Version entscheiden, bei Eigennamen ist die Änderung sicherlich sinnvoll, InDesign korrigiert jedoch aktuell noch automatisch immer auf „SS".

Falscher Apostroph

Beim Apostroph können zwei Dinge schiefgehen, zum einen ein generell falscher Einsatz, also z.B. „Paul's Gedanke" statt „Pauls Gedanke". Der Apostroph ist hier falsch, da er für eine Auslassung steht, hier aber nichts ausgelassen wurde.

Zum anderen kann ein falscher Apostroph gesetzt werden, wie bei „Paul hat's geschafft". Hier ist zwar korrekterweise ein Apostroph gesetzt worden, jedoch der falsche, es müsste ein Apostroph sein, der wie eine „9" aussieht, also „Paul hat's geschafft".

Patus vertiquam etredestin Ita Scionfe centervitius ella noc optiste rnihinatus egere, nox mandacerum dituror testoritam tur aursua inatrum stamque rvirmis, nimus bonvoiam, Catus consum P. Dam pultimis habeme aus, quam dem occhuit.
Diese Textzeile ist ein Schusterjunge,

diese ist ein Hurenkind (Witwe).
sum etrac rei tistessimus ex me tur, qui sessign onsula dem sintres patusse niquem, cia popultidet rei et vides consid reortiem vilius, pos conit, forum ompremquit.
Mandam, ut. Imena, consullem uri si Nos is omnit aur, adducont? Pata, sum.

4.4 Zeitungsgestaltung

4.4.1 Zeitungsformate

Im Zeitungsdruck werden hauptsächlich drei Standardformate verwendet (mm-Angabe geschlossenes Format):
- *Berliner Format* – 315 x 470 mm
- *Rheinisches Format* – 360 x 530 mm
- *Nordisches Format* – 400 x 570 mm

Der Zeitungsdesigner versucht bei der Erstellung seines Blattes, dem Leser einen Leseweg vorzugeben, um ihm die Informationsaufnahme zu erleichtern. Dazu muss er sich allerdings an ein feststehendes Gestaltungsraster halten. Wie viele Spalten eine Zeitung hat, ist abhängig vom Format. Je größer dies ist, umso mehr Spalten sind möglich.

Die meisten Zeitungen verwenden zwischen vier und sechs Spalten und als Schriftsatzart den Blocksatz. Der Blocksatz ermöglicht es einer Redaktion, ungefähr 10–15 % mehr Text pro Seite unterzubringen als im Flatter- oder Rausatz, außerdem wirkt so ein Artikel mit Überschrift, Text und Bild eher als eine Einheit und kann vom Leser dadurch klar erfasst werden.

Bei der Zeitungsgestaltung kann problemlos zwischen einspaltigen und mehrspaltigen Artikeln gewechselt werden. Überschriftzeilen können durchaus auch bei großen Schriftgraden zweizeilig sein.

4.4.2 Grundlayouts für Tageszeitungen

Auf der rechten Seite sind die Titelseiten von verschiedenen deutschen Tageszeitungen dargestellt. Das Layout von „Die Zeit" zeigt eine klare Gliederung in vier Spalten mit einer Marginalienspalte. Das Erscheinungsbild und der Lesefluss sind ruhig, sachlich und klar – vielleicht sogar ein wenig langweilig. Eine gewisse Auflockerung erfolgt

durch Rahmen und Bilder. Das Layout der „Ludwigsburger Kreiszeitung" wirkt im Vergleich lockerer durch Variationen verschiedener Spaltenbreiten. Diese aufgelockerte Gestaltung findet sich bei vielen modernen Kreis- und Regionalzeitungen.

Das Layout der „Bild" entspricht dem Typ der Boulevardzeitung mit zwar lebendiger, aber unübersichtlicher Gestaltung und einer manchmal schwer nachvollziehbaren Leseführung. Der Leser muss sich hier die Textfolge oft selbst zusammensuchen. Dies führt zu einem unruhigen und oftmals unvollständigen Lesen der Zeitung.

4.4.3 Schrift in der Tageszeitung

Ein Kennzeichen von Zeitungsschriften ist, dass sie nicht zu mager wirken dürfen. Damit ist die Lesbarkeit auf den relativ rauen Oberflächen der Zeitungspapiere sichergestellt. Das Schriftbild sollte groß und offen sein sowie hohe Mittellängen aufweisen. Die Versalien werden niedriger gehalten, um sie nicht zu sehr aus dem Graubild einer Seite hervortreten zu lassen.

Die wohl bekannteste Zeitungsschrift ist die Times. Eine Version dieser Schrift ist heute auf nahezu jedem PC-System vorhanden. Die Times hat kleine Serifen. Sie bilden einen optischen Rahmen für jedes Wort, fassen die Einzelbuchstaben optisch zu Wortgruppen zusammen und unterstützen damit den schnellen Lesevorgang. In den letzten Jahren tauchen immer wieder Zeitungen auf, die serifenlose Schriften für den Grundtext verwenden. Damit soll der Geist der modernen Industriegesellschaft dokumentiert werden – aber die Lesbarkeit leidet unter diesem Versuch, Modernität in der Zeitung durch die Schrift auszudrücken.

Schrift Times

Dieser Text ist in der Zeitungsschrift Times erstellt, die selbstverständlich nicht nur in Zeitungen verwendet wird.

4.4.4 Aufbau einer Titelseite

Die Titelseite der „Stuttgarter Zeitung"
beginnt mit dem Zeitungskopf, dieser setzt sich von oben nach unten
zusammen aus dem Titel **A** und einer
Kopf- oder Halslinie **B** mit Datum, Preis
und Angaben zur Ausgabe. Außerdem
wurden hier im oberen Bereich ein Anreißer **C** platziert, zu dem in der Zeitung
ein Bericht zu finden ist.

Blickfang ist das Aufmacherbild **D**, in
das eine Headline integriert wird. Ein
Anreißer (Teaser) informiert über den
Artikel im Innenteil, auf den verwiesen
wird.

Die Textheadline im fünfspaltigen
Hauptblock **E** leitet über eine Subheadline zum Aufmachertext. Die kurzen
Anreißer in der Meldungsspalte links **F**
verweisen auf Artikel im Innenteil der
Zeitung. Der Wetterbericht und die Bör-
sendaten befinden sich links unten **G**.

Zeitungsdesign

Titelseiten von ver-
schiedenen deutschen
Tageszeitungen

69

4.5 Anzeigen und Plakate

4.5.1 Motiv- und Emotionssysteme

Beschäftigt man sich mit Werbewirkungsmodellen, wie AIDA, dann wird klar, dass gute Werbung mit einem Eyecatcher zwar anfängt, aber das eigentliche Ziel wird erst mit dem Kauf des Kunden erreicht. Eine wichtige Frage lautet also: „Wie überzeugt man einen Kunden, ein bestimmtes Produkt zu kaufen?"

Der Psychologe Dr. Hans-Georg Häusel unterscheidet beim Gehirn des Menschen zwischen drei grundlegenden Motiv- und Emotionssystemen:
- Das *Balance-System* hat Bedarf an Sicherheit und Stabilität.
- Das *Stimulanz-System* möchte entdecken, unterhalten und belohnt werden.
- Das *Dominanz-System* strebt nach Macht und Attraktivität.

Motiv- und Emotionssysteme entscheiden, welche Produkte und Marken in uns einen Kaufwunsch auslösen. Sie sehen unten in der Tabelle dargestellt, welche Kaufanreize die drei Motiv- und Emotionssysteme ansprechen und welche Schemen zur Kundenansprache genutzt werden können. Außerdem sind Beispiele für typische Einsatzgebiete in der Werbung aufgeführt.

Richtig gut funktioniert Werbung dann, wenn der Eyecatcher passend zum Produkt gewählt wurde, denn z. B. der Grundsatz „Sex sells" funktioniert nur dann wirklich gut, wenn „Sex" auch zum Produkt passt. Bei der auf der rechten Seite abgebildeten Werbung für das Bier „Astra" gehen die Meinungen

Motiv- und Emotionssysteme

nach Dr. Hans-Georg Häusel (Psychologe)

Motiv- und Emotionssysteme	Kaufanreize	Schema zur Kundenansprache	Beispiele für typische Einsatzgebiete
Balance	Sicherheit, Stabilität, Verlässlichkeit, Kontinuität, Geborgenheit, Geselligkeit, Gemeinschaft	Bindung	Mitgliedschaften, Kundenbindungsprogramme (z. B. Kundenkarten), Gruppenreisen
		Fürsorge	Kindernahrung, Pflegeprodukte, Tierprodukte, Ökoprodukte, Finanzprodukte, Versicherungen, Immobilien
Stimulanz	Entdeckung, Interesse, Abwechslung, Individualität, Unterhaltung, Belohnung, Fröhlichkeit	Appetit	Lebensmittel, Genussmittel (z. B. Schokolade, Kaffee und Alkohol)
		Spiel	Spielwaren, Lotto, Medienprodukte (z. B. Fernseher, Mobiltelefon), Aktionsangebote
Dominanz	Konkurrenz, Verdrängung, Aktivität, Macht, Durchsetzung, Status, Autonomie, Fortpflanzung, Attraktivität, Eroberung	Sexualität	Parfums, Kosmetik, Statussymbole (z. B. Schmuck), Mode
		Wettkampf	Sportprodukte, Statussymbole (z. B. Autos)

Bierwerbung
Provokative Werbung
für Astra-Bier

in dieser Frage weit auseinander. Ist es eine geglückte Marketingaktion, ein Durchschnittsbier zum Kultprodukt zu machen? Oder ist es einfach nur unpassende, teils sexistische Werbung für ein Produkt, das man deswegen boykottieren sollte?

Analysieren wir die beiden dargestellten Astra-Werbemotive einmal ganz sachlich. In beiden Fällen finden Sie eine unterhaltsame Text-Bild-Kombination und die Darstellung von nackter Haut in einem Foto, das sich jeweils über die ganze Fläche erstreckt. Außerdem zeigt die linke Werbung ein geselliges Zusammentreffen dreier Personen beim scheinbar gemütlichen Biertrinken. Beide zeigen im unteren Teil das beworbene Produkt und den Slogan „Astra. Was dagegen?".

Bier ist ein Genussmittel, also ein Produkt, das nach der links dargestellten Tabelle vorwiegend über das System *Stimulanz* beworben werden sollte, da man es aus dem Motiv *Belohnung* konsumiert. Ebenso spielt bei Bier üblicherweise das System *Balance* eine Rolle, nämlich dann, wenn Bier in geselliger Runde getrunken wird.

Die unterhaltenden, zweideutigen Texte passen durchaus zum Genussmittel Bier. Die drei Bier trinkenden Personen in der linken Werbung thematisieren zusätzlich den Kaufanreiz der *Geselligkeit*. Ob beim Betrachten des rechten Werbemotivs allerdings der Bierwunsch tatsächlich geweckt wird, bleibt fragwürdig, da die Bild- und Textsprache vorwiegend das Schema *Sexualität* thematisiert.

Auf die einzelnen Motiv- und Emotionssysteme wird in den folgenden Abschnitten anhand von Beispielen nun näher eingegangen.

71

Balance

Für den Nachwuchs ist das Beste gerade gut genug, doch was ist das Beste? Die Anzeige von Alete gibt die Antwort: „Du entdeckst das Essen der Großen & ich achte genau auf deine Ernährungsbedürfnisse". Wenn also die Mutter Alete kauft, tut sie ihrem Kind etwas Gutes. Besonders interessant an dieser Formulierung ist, dass betont wird, dass es die Mutter ist, die durch den Kauf genau auf die Ernährungsbedürfnisse ihres Kindes achtet. Dadurch werden besonders gut die Mutter-Kind-Bindung und der Fürsorge-Aspekt thematisiert. Der Slogan „Du & ich & Alete" erzeugt außerdem ein Gemeinschaftsgefühl mit dem Hersteller. Passend ausgewählt wurde als Bildmotiv eine glückliche Mutter mit ihrem Kind sowie eine Auswahl von Produkten und frisches Gemüse im Vordergrund.

Sieht er nicht vertrauensvoll aus, der Mann, in der Anzeige unten, mit seinem Ritterschild, der uns vor allem Unheil rund ums Auto bewahrt? Nicht immer wird der Aspekt Sicherheit so anschaulich thematisiert wie in der Anzeige der Versicherung HUK-Coburg, aber warum nicht. Bei Banken und Versicherungen sind Aspekte wie Vertrauen, Sicherheit und Verlässlichkeit entscheidende Faktoren für uns Kunden. Stichworte wie „beste Autoversicherung" „Top Marke 2012" oder der Slogan „Aus Tradition günstig" unterstreichen die Botschaft der Anzeige zusätzlich.

Motiv- und Emotionssystem „Balance"

Anzeigen von Alete und HUK-Coburg

Stimulanz

„Private Insel im Wert von 3 Millionen zu gewinnen" ist in der NKL-Anzeige unten zu lesen, klingt verlockend, endlich raus aus dem tristen Alltag und Neues entdecken. Wer möchte das nicht? Wer keine Insel möchte, für den gibt es noch „über 400 Millionen-Gewinne, Traumreisen, Autos und Häuser", es ist also für jeden etwas dabei. Glücksspiele sprechen, wie alle Spiele, das Emotionssystem *Stimulanz* an. Als Kaufanreize dienen „Abwechslung", „Unterhaltung" und „Belohnung". Die grün gekleidete Frau scheint mit ihrem Bogen und den Spielzeugpfeilen zeigen zu wollen, wie spielend einfach es ist, zu gewinnen. Der Firmenslogan „Wir machen Millionäre" wirkt wie ein Markenversprechen, dazu noch die grüne Farbe für Hoffnung und Zuversicht, da hat man ja eigentlich schon fast gewonnen.

Die rechte Anzeige von Maggi spricht einen anderen Bereich des Stimulanz-Systems an, den des Appetits. Die Anzeige wird überschrieben mit „Frisch getrocknet. Frisch gekocht", dazu noch der Name der Produktlinie „fix und frisch". Als Eyecatcher für die Anzeige fungiert eine perfekt reife Tomate im Vordergrund, platziert auf einem rustikalen Holzbrett. Frisches Essen ist besonders attraktiv, da es als sehr gesund eingestuft wird. Maggi möchte dem Verbraucher mit der Anzeige vermitteln, dass er, wenn er dieses Fertigprodukt beim Kochen verwendet, quasi ein „frisches" Essen zubereitet. Die rote Farbe wirkt zusätzlich aktivierend.

Motiv- und Emotionssystem „Stimulanz"

Anzeigen von NKL und Maggi

Dominanz

„Elfmeter in 0,158 Sekunden", rote Farbe, dunkler Hintergrund, bedrohliches Aussehen. Die Anzeige für den VW Golf GTI spricht klar das Motiv- und Emotionssystem der *Dominanz* an. Die passend gewählte Kombination mit dem Thema Fußball stellt das Thema „Wettkampf" in den Vordergrund, den Wunsch zu gewinnen, sei es beim Fußball oder beim Beschleunigen an der Ampel.

Sportlich nimmt es auch die unten abgebildete Anzeige von Head mit dem Text „Wer blinzelt, verliert". Der Blick von Novak Djokovic (serbischer Profi-Tennisspieler macht klar, dass er nicht vorhat zu blinzeln. Wer genauso erfolgreich sein will wie er und sportliche Höchstleistungen erreichen möchte, der braucht die passende Ausrüstung.

Axe (Abbildung rechte Seite oben) bewirbt das dargestellte Produkt über Sexualität, sowohl im Text „Reizt Frauen, nicht die Haut!" wie auch im Bild, mit dem kleinen Mann, der sich zwischen den Beinen der Frau „im Anflug" befindet. Kaufanreize wie Attraktivität, Eroberung, Aktivität und Verdrängung von Konkurrenten spielen hier eine zentrale Rolle.

Auch die Anzeige von Dolce & Gabbana auf der rechte Seite benutzt das Schema der Sexualität, jedoch weniger plump als die Anzeige von Axe. Passend zur Zielgruppe „Frau" wird die At-

Motiv- und Emotionssystem „Dominanz"
Anzeigen von Volkswagen und Head

traktivität, die durch die Tasche der Frau ausgelöst bzw. gefördert wird, durch

viele Männer gezeigt, welche mit der Frau zu flirten scheinen. Die Frau wiederum wirkt selbstbewusst und stark, sie weiß mit ihrer Attraktivität umzugehen. Die Tasche von Dolce & Gabbana kann als Statussymbol eingestuft werden, das den Kaufanreiz bietet, sich gegenüber anderen Frauen darstellen zu können und neidische Blicke zu ernten.

Die Anzeige von Stihl, unten links, bietet wiederum ähnliche Kaufanreize wie die Anzeige von Volkswagen. Foto und Text stellen klar, wer die Wildnis im Garten besiegen will, der braucht eine qualitativ hochwertige Heckenschere für Freude an der Gartenarbeit.

Motiv- und Emotionssystem „Dominanz"

Anzeigen von Axe, Stihl und Dolce & Gabbana

4.5.2 Anzeigen mit Humor

Werbung ist ein nahezu unabänderlicher Bestandteil unseres täglichen Lebens. Vom morgendlichen Lesen der Nachrichten-App über den Weg zum Arbeitsplatz, zum Teil bei der Arbeit selbst und beim abendlichen Spielfilm wird man durch eine Vielzahl von Werbeträgern mit unterschiedlicher Werbung konfrontiert.

Um in dieser Masse an Werbung aufzufallen, nutzen einige Unternehmen Humor. Witze leben davon, dass sie verstanden werden – eine alte Weisheit. Ein unvollständiger oder falsch erzählter Witz hinterlässt einen eigenartigen Eindruck. Humorvolle und witzige Werbebotschaften können das Verständnis für ein Produkt erhöhen oder auch beeinträchtigen – Letzteres

wenn die angesprochene Zielgruppe und deren Humorverständnis nicht getroffen wurde. Dies führt dann zu einem tendenziell negativen Urteil über das beworbene Produkt.

Man ist sich in der Beurteilung humorvoller Werbung weitgehend einig, dass die Beliebtheit und die Akzeptanz von Produkten durch humorvoll gestaltete Werbung gesteigert werden kann. Nach einer Studie der Freien Universität Berlin (Martin Eisend: Wenn Witze werben, 2006) mögen die Konsumenten die Marke umso mehr, je intensiver der Humor ist. Dies verstärkt auch die Erinnerung an die Werbung.

Humorvolle Werbung steigert zwar die Sympathie für eine Marke oder ein Produkt, doch besteht die begründete Gefahr, dass kreative Werbung ablenkt. Je kreativer und humorvoller die Wer-

Anzeige mit Humor
Humorvolle Text-Bild-Kombination von Burger King

Zum Glück sind unsere Elektromobile nicht nur für 4 Personen gebaut.

bung, desto größer kann die Distanz zum Produkt werden. Ist der Witz in der Werbung zu wirkungsvoll, kommt das Produkt zu kurz. Man spricht dann vom sogenannten Vampireffekt – der Witz ist dominanter als der Werbespot und saugt den Bezug zum beworbenen Produkt weg.

Eine weitere Gefahr bei humorvoller Werbung ist, dass bei mehrfacher Betrachtung der gleichen Werbung der Witz verloren geht und die Werbung und damit indirekt auch die Marke bzw. das Produkt einen negativen Eindruck beim Betrachter hinterlässt.

Das Beispiel von Burger King auf der linken Seite erfreut den Betrachter vor allem durch das sehr ungewöhnliche Bildmotiv. Der Burger essende Burger ist sehr gut in Szene gesetzt und „sabbert" sogar etwas beim Essen. Der Text „Würde unser Essen essen, würde es unser Essen essen." rundet die Anzeige

ab und zieht durch das Wortspiel erneut unsere Aufmerksamkeit auf sich.

Das Plakat der Verkehrsbetriebe Zürich zeigt eine Fotomontage von einem verkürzten Linienbus. Wie schon bei der Werbung von Burger King sorgt hier das besondere Bild für den Eyecatcher. Der Text spielt auf die wachsende Anzahl von Elektroautos an, die in der Bevölkerung üblicherweise als ökologisch angesehen werden, und soll dem Leser mitteilen, dass Busfahren noch viel ökologischer ist.

Sixt nutzt schon seit einigen Jahren humorvolle Motive für Anzeigen und Plakate. Wie im abgebildeten Beispiel werden regelmäßig auch Fotos von Personen aus der Öffentlichkeit unfreiwillig und unentgeldlich für die Werbung des Autovermieters genutzt. Da die Texte – in einer Boulevard-Schrift gesetzt – stets auf aktuelle Gegebenheiten anspielen, ist diese Vorgehensweise auch konform mit deutschem Recht, da es sich bei den Motiven um eine Mischung zwischen Werbung und Berichterstattung über ein Ereignis handelt.

Werbung mit Humor

Fotomontage der Verkehrsbetriebe Zürich und unfreiwillige Testimonial-Werbung von Sixt

4.6 Flyer

Mit dem Begriff Flyer werden klein-
formatige Werbedrucksachen bezeichnet, die keine Bindung oder Heftung
aufweisen. Ob Handzettel oder kompliziert gefalzter Flyer, diese handliche
Werbedrucksache ist sehr beliebt. Flyer
können problemlos an verschiedenen
Orten ausgelegt bzw. verteilt werden,
sie können leicht transportiert werden
und passen meist sogar in die Hosen-
tasche. Mit den geringen Produktions-
kosten werden Flyer meist für folgende
Zwecke eingesetzt:

- Information über Veranstaltungen,
  Feste, Partys
- Werbung für Aktionen
- Werbliche Informationen über Unter-
  nehmen und Produkte
- Technische, sachliche Informationen
  über Produkte (z. B. Datenblatt oder
  Beipackzettel)
- Listen (z. B. mit Preisen oder Artikel-
  nummern)

Durch verschiedene Falzarten bietet
ein Flyer eine große Spannweite bei
der dargebotenen Informationsmenge.
Typisch für Flyer sind:

- Schnelle Produktion
- Günstige Weiterverarbeitung

- Technisch einfache Herstellung (Handzettel sind auch mit einem Kopierer
  oder Drucker möglich)
- Einfache Verbreitung

Flyerformate basieren meist auf der
DIN-A-Reihe, beim geschlossenen
Format ist das Format DIN lang das
häufigste. Wichtig ist bei einem solchen
Format immer, dass es gut verschickt
werden kann und dass das Format in
Prospektständer passt und sich an ver-
schiedenen Orten auslegen lässt.

Neben den klassisch rechteckigen
Formaten sind auch Stanzungen
möglich, ob Kreis, Wolke oder wie
links unten abgebildet in Form einer
italienischen Ape (Kleintransporter des
Herstellers Piaggio), hier sind vielfältige
Möglichkeiten gegeben. Jedoch ist bei
der Stanzung meist die gewünschte
Auflage bei der Entscheidung aus-
schlaggebend, ob es wirtschaftlich
möglich ist, die hohen Kosten für eine
Stanzform aufzubringen.

Auf der rechten Seite sehen Sie eine
Zusammenstellung verschiedener Flyer
in geschlossenem Zustand. Je nach
Herausgeber und Werbeziel wird mit
Farben, Bildmaterial und Typografie versucht, die Aufmerksamkeit des Betrachters zu bekommen:

- Vitra Design Museum: Schlicht und
  unauffällige Gestaltung
- Stadt Konstanz, Mathematikausstel-
  lung (Schuh): Neugierde wird durch
  Ungewöhnliches geweckt.
- Dekra: Darstellung vieler Informatio-
  nen, wirkt überladen
- Appenzellerland: Auffällige rote
  Farbflächen und prominente Logo-
  platzierung
- Abenteuerpark Immenstaad: Leben-
  dige Typografie und Bildsprache
- Stadtwerke Konstanz: Personen mit
  vergrößerten Köpfen fungieren als
  Eyecatcher.

Handzettel

Gestanzter Handzettel
des Bundesministeri-
ums für Bildung und
Forschung

Flyer

Verschiedene Beispiele im Format DIN lang

4.7 Direktmailings

Ein Direktmailing ist ein Werbebrief, der persönlich adressiert per Post den Kunden erreicht. Über Adressdatenbanken und digitale Druckverfahren ist es heute ohne großen Aufwand und ohne große Mehrkosten möglich, auch personalisierte Werbedrucksachen herzustellen.

Hat das Direktmailing sein Ziel erreicht und wurde in den Briefkasten des Empfängers eingeworfen, dann gilt es nun, die Herausforderung zu meistern, nicht direkt und ungeöffnet in den Papiermüll geworfen zu werden. Ein Umschlag mit dem Namen und der Adresse des Empängers, eine echte Briefmarke oder die Imitation einer Briefmarke und die Vermeidung von Werbebotschaften auf dem Umschlag versuchen das Direktmailing geschickt zu tarnen, um wie ein Geschäftsbrief zu wirken. Hat das Direktmailing diese Aufgabe gemeistert und der Umschlag wurde vom Empfänger geöffnet, geht die Herausforderung weiter. Der Betrachter muss nun das Gefühl bekommen, dass der Brief wichtige Informationen enthält, die sich zu lesen lohnen. Analysieren wir nun dazu beispielhaft das abgebildete Direktmailing der Postbank.

- Auf den ersten Blick muss der Absender des Briefes **A** erkennbar sein, falls dieser einen Bezug zum Kunden hat, falls nicht, kann dies auch bewusst vermieden werden, um nicht aus diesem Grund weggeworfen zu werden.
- Name und Adresse **B** des Empfängers
- Ein Betreff **C** informiert in direkter Ansprache über den Inhalt.
- Der Brief beginnt mit einer persönlichen Ansprache **D**, entweder – wie hier – förmlich oder gerne auch noch persönlicher, wie z. B. „Liebe Frau Müller".
- Die Abschnitte sind bewusst kurz gehalten **E**, der Text muss leicht zu lesen sein und ohne Fachwörter auskommen. Persönliche Ansprache sollte dominieren („Sie ..."), die Vorteile für den Leser müssen klar werden.
- Wichtige Informationen **F** werden durch Fettdruck oder Unterstreichung hervorgehoben.
- Eine möglichst realistisch wirkende Unterschrift **G** einer zuständigen Person mit Bezeichnung der Zuständigkeit bildet den Schluss des Direktmailings.

Direktmailing

Werbebrief von Volkswagen

4.8 Prospekte

Prospekte sind mehrseitige Werbe-drucksachen, die meist auf Papier mit geringem Flächengewicht gedruckt wur-den, wodurch die Farbwiedergabe oft nicht optimal ist.

Laut einer Studie der Gesellschaft für Konsumforschung (GfK) achten mehr als 50 % der Deutschen beim Einkauf von Konsumgütern vor allem auf den Preis, damit sind sie mit den Polen Spitzenreiter in Europa. Um den deut-schen Schnäppchenjägern zu zeigen, wo sie die besten Schnäppchen ma-chen können, landet Woche für Woche in den deutschen Briefkästen – ohne das Schild „Bitte keine Werbung" – ein mehr oder weniger großes Bündel aus Werbeprospekten.

Bei Edeka gibt es einen „SUPER-KNÜLLER" (obere Abbildung), bei Müller (mittlere Abbildung) bekommt man gleich ausgerechnet, wie viel Prozent man sparen kann, und bei Treff 3000 (Abbildung unten) wird zusätzlich noch der gesparte Euro-Betrag angege-ben. Gestalterisch fallen bei allen drei Beispielen die großen Stopper auf, bei Müller am unauffälligsten, bei Treff 3000 am dominantesten. Bei allen wird die Farbe Rot zur Hervorhebung genutzt, teils zusätzlich die Farbe Gelb.

Der Edeka-Prospekt wirkt aufge-räumt, die freigestellten Produkte wurden mit Weißraum platziert, die Schriften bei den Preisen sind nicht ganz harmonisch gewählt.

Der Müller-Prospekt macht einen sehr aufgeräumten Eindruck. Grund dafür sind die orangenen Linien, die wie eine Tabelle wirken, und die feste Anordnung von Produkt, Preis und Text; fast schon übertrieben ordentlich.

Bei Treff 3000 geht es deutlich wilder zu: Hier ein Stopper im Rechteck mit gelbem Rand, dort abgerundet mit wei-ßem Rand, der eine Kreis etwas größer,

mal Text in Schwarz vor weißem Kasten, mal in Weiß vor grauem Kasten, hier Pizzas, dort ein Korb, ein Waschmittel und noch etwas Gras im Hintergrund.

Prospekte

Beispiele mit wö-chentlichen Angebo-ten von Discountern

4.9 Broschüren

Mit dem Begriff Broschüre werden mehrseitige Drucksachen bezeichnet, die keinen festen Einband haben. Broschüren können klebegebunden oder geheftet sein, sie sind meist werblicher Natur. Broschüren sind informativer als Prospekte und ihr Schwerpunkt liegt oft mehr bei der Imagewerbung als bei der Produktwerbung. Broschüren wirken hochwertig, der Einsatz von Sonderfarben, Prägungen und Lacken sorgt – wenn gewünscht – für eine edle Wirkung. Beispiele für Verwendungszwecke von Broschüren sind:
- Produktinformationen
- Unternehmensdarstellungen
- Veranstaltungsverzeichnisse
- Gebrauchsanweisungen

Die beiden Abbildungen unten zeigen den Produktkatalog des Unternehmens Zirkeltraining, eines Herstellers von Taschen aus gebrauchtem Sportgeräte-Leder und aus gebrauchten

Turnmatten. Passend zum Unternehmen wurde für die Werbung alles auf alt getrimmt. Die Seiten wirken vergilbt; Knicke, Eselsohren und Flecken wurden aufgedruckt. Auf der letzten Seite gibt es sogar noch ein Feld zum Rubbeln, in dem der Duft von gebrauchtem Sportgeräte-Leder aufgetragen wurde.

Das Beispiel oben zeigt das Programmheft zum Stück „Die Zauberflöte" bei den Bregenzer Festspielen, mit grafischer Gestaltung auf der Titelseite.

Kollektionsbroschüre

Werbebroschüre mit der Kollektion 2010/2011 von Zirkeltraining

4.10 Bücher

Bücher sind gebundene Werke (Hardcover oder Softcover) mit größerem Umfang (ab ca. 50 Seiten), Bücher erscheinen nichtperiodisch.

Aufgabe von Büchern ist es, Texte und Bilder – für die Zielgruppe passend – darzustellen. Der Leser sollte möglichst wenig Energie aufwenden müssen, um die Texte zu lesen und Abbildungen zu verstehen, dies ist besonders bei umfangreichen Werken von großer Bedeutung.

Bei der Typografie werden meist gut lesbare lineare oder römische Schriften verwendet. Als Auszeichnungsmöglichkeiten für Grundtexte sind halbfette oder fette Schriftschnitte geeignet. Der Einsatz von Typoelementen, wie Punkten, Unterlegungen, Rechtecken, Pfeilen, Strichen u. Ä., erleichtert das Lesen und das Wiederauffinden von Textstellen.

Das abgebildete Buch „typoPAGE" ist zwar vom Umfang her mit 196 Seiten klar den Büchern zuzuordnen, die Tatsache, dass es unregelmäßig – mit mehreren Jahren Abstand – erscheint, spricht auch für diese Zuordnung, jedoch könnte es inhaltlich auch als Zeitschrift klassifiziert werden.

Die Titelseite rechts und die unten abgebildete Doppelseite zeigen eine zum Thema passende, ausgefallene Gestaltung, die dennoch eine gute Lesbarkeit gewährleistet.

4.11 Außenwerbung

Mit „Außenwerbung" wird jegliche Form von Werbung bezeichnet, die draußen, also unter freiem Himmel, stattfindet. Beispiele für gedruckte Außenwerbung sind:

- Fahrzeugwerbung
- Verkehrsmittelwerbung
- Werbung am Einkaufswagen
- Hinweisschilder
- Litfaßsäulenwerbung
- Plakatwände
- Riesenposter (Skyboard)
- Aufsteller
- Aufkleber und Klebefolien, z.B. an Schaufenstern
- Mobile Werbung auf Strohballen, Anhängern o.Ä.
- Werbung an Baugerüsten
- Fahnen
- Banner
- Unternehmenslogo am Gebäude

Außenwerbung ist in der Gestaltung und Herstellung oft Aufgabe von speziell ausgebildeten Schilder- und Lichtreklameherstellern bzw. Werbetechnikern.

Die Abbildungen auf dieser Seite zeigen klassische Elemente der Außenwerbung. Oben ist ein Fahrzeug zu sehen, das mit Werbung von Sponsoren beklebt ist, die zur Finanzierung des Fahrzeuges beigetragen haben. Darunter ein Hinweisschild, ein Werbeaufsteller für Plakate und ganz unten ein bedrucktes Banner anlässlicher einer Aktion zur Sicherheit im Straßenverkehr.

4.12 Verpackungen

Da es für den Konsumenten immer schwieriger wird, Produkte voneinander zu unterscheiden, gewinnt die Verpackungsgestaltung immer mehr an Bedeutung. Knallig bunte Verpackungen reihen sich in den Supermarktregalen und ringen um unsere Aufmerksamkeit.

Alleine schon Größe, Form und Material geben einer Verpackung ein individuelles Äußeres und müssen bewusst gewählt werden. Bei der Festlegung dieser Faktoren spielen jedoch auch technische Gegebenheiten, wie Transport, Lagerung und Aufbewahrung, eine wichtige Rolle. Wie bei der Außenwerbung gibt es auch bei der Gestaltung von Verpackungen Spezialisten, wie z. B. den Verpackungsgestalter/-designer, der über ein besonders gutes dreidimensionales Vorstellungsvermögen verfügen sollte.

Die untere Abbildung zeigt eine kleine Auswahl aus dem Supermarktregal. Lassen Sie uns die Gestaltung der dargestellten Verpackungen einmal genauer unter die Lupe nehmen.

Farben haben Bedeutungen. Die unten abgebildete grün-gelbe Verpackung von Alnatura assoziiert der Verbraucher automatisch mit Sonne und gesunder Ernährung, der Bildeinsatz und die Typografie unterstreichen dies. Das Trinkschokoladenpulver Caotina muss besonders schokoladig sein, dies zeigt die schokobraune Dose mit dem Foto von Schokolade nur allzu deutlich. Wird der Verbraucher der Versuchung erliegen? Ob Alnatura, Barilla, Kinder Riegel, Caotina, Tempo oder Gut & Günstig von Edeka, alle Verpackungen gewährleisten die sofortige Erkennbarkeit des Herstellers durch das Markenlogo. Die Schwierigkeit besteht darin, dass die Markenzuordnung in jeder Lage – im Idealfall selbst von unten – möglich sein sollte. Es könnte ja sein, dass die Verpackung einmal verkehrt herum im Einkaufswagen landet.

Verpackungen

Verschiedene Verpackungen von Konsumgütern im Überblick

4.13 Aufgaben

1 Geschäftsdrucksachen gestalten

Nennen Sie die wichtigsten Maße, die bei der Gestaltung eines Geschäftsbriefbogens zu beachten sind.

Heftrand: _____ mm

Höhe Briefkopf: _____ mm

Breite Adressfeld: _____ mm

Höhe Adressfeld: _____ mm

2 Geschäftsdrucksachen gestalten

Auf Geschäftsbriefbogen und auf Rechnungen sind bestimmte Angaben aus rechtlichen Gründen erforderlich. Nennen Sie sechs Angaben, die für alle Unternehmensformen vorgeschrieben sind.

1. _____

2. _____

3. _____

4. _____

5. _____

6. _____

3 Geschäftsdrucksachen gestalten

Nennen Sie die Drucksachen, die Bestandteil einer Standardgeschäftsausstattung sind.

1. _____

2. _____

3. _____

4 Geschäftsdrucksachen gestalten

Nennen Sie sechs Drucksachen, die Bestandteil einer erweiterten Geschäftsausstattung sein können.

1. _____

2. _____

3. _____

4. _____

5. _____

6. _____

5 Geschäftsdrucksachen gestalten

Zählen Sie fünf Gestaltungsgrundsätze auf, die für die Herstellung von Geschäftsdrucksachen von Bedeutung sind.

1. _____

2. _____

3. _____

4. _____

5. _____

6 Elemente einer klassischen Werksatzseite benennen

Eine Werksatzseite weist typografische Merkmale auf. Benennen Sie die in der Abbildung gekennzeichneten Merkmale.

A : _____

B : _____

(A) 2.5.1 Valicae

(B)

quem ternihiliam nos ete mum pri perem duc te ia? Paturar istamdium incur,
videna, utua nimmo imoerunulabi sis vivius eris fur, firio viri, videt, senem
ex sed ina, nonondem hiliere stimaios, con sendem pliam novenam deore
irio, nesul visque fauceri porenduci publisque con inte, qui consis publinp
publis mius, menamdius locchic upplicae et qua rem adhuide tilusatus
estionsciam ocupimumum tebatra ma, ut quit, C. Pote actum pra dientere
templicae parid am publis.
Bit. Et; egit; novero nons prorur ad clerem tus renicaed senatiam
anum in serissa iam patus furniss imaxim dum dierenat, cula con
sedemnit. Udactum dierces facemus ve, nit aut vide teatio pervignatis simmo
poti, us imusquod issicae mena, cultum, fautum nostrips, sigitui patum caelibut vigit. Go cem essenihiliam immo essinpratuis iam efaceps, ad cla poreo,
C. Obse in accit quem nul tem, num ves hintelum fectest vit vit; nocribus
me atus locchum diempec uperior umendeffre nicuperevium es tum opote
fuis factus ad inere consum morteris, ad nem atiu consunum opublin terum
patque mordii in ducon tium publine sulices sillate rfentil condit auctus issilintis, oris, Cupplium horiu quem suam sescermihil vastum publium vivehem
haec tere que condem publici viribus, diu esta conloctodis eo, in sullemus,
noccia percenam seempra nunt.
Unum fecusqu onequer feciena, nortus, ut remniu et? At vid firtem publia
mius iam prarem dem pereoribus, notifecultu voc, sit. Bis.
Quost C. Uc rem molibus la vignostrurit nequerferit, confex nonferis C. It.
Num qua vit? Oltui sena, ut fue que perum ignatiaceris hae con sa dem mei
pro a re nia recontili prorum omnius esus hiliam.'
Eciacerfecus obuntem remne dientiem opoenatilii prarem price consili umeris
crio moris. Ad atio intres esi ta quoncut peripio moverim ordiuri pienihilicae
audam Palere init vid fex nox maximis sendit oc, num contem in virmis se,
pulicae coractam pl. O ties videnti caveracri ficapec re, quam o temum omnes
patus dissica urobunt erentribus sentilius, confitum nonsilicii publi publin
lta nocta iustanunum testratis senatis enihiliciam det ocum dem patqua me
vivius et; nost vide cla con se mantestiu me parbes et vivilicio, Catusulin ter
pullem sigil hocribu teludam oc rei in hilius publius, essestus in demquodic
menarti ntilicipte nice culique ades atum ublium cuppliam. Esus condam dit,
Patiquam. Am. Etro peris, quam supio nunum, que acivirit detimus ad nostre,
C. Patur atus prae tum idemque qua in verribut nos, quam Romandi cenatis
sitro, consuam ena in pos, mus or hus hos perce es rem.

(C)   · ac rei in hilius publius, essestus in demquodic

215 (D)

C :

D :

7 Fachbegriffe erklären

Hurenkind (Witwe), Schusterjunge –
erläutern Sie diese Begriffe.

Hurenkind (Witwe):

Schusterjunge:

8 Motiv- und Emotionssysteme kennen

Nennen Sie zu den drei Motiv- und
Emotionssystemen jeweils zwei passende Kaufanreize:

Balance:

Stimulanz:

Dominanz:

9 Einsatzzwecke von Flyern kennen

Nennen Sie fünf typische Einsatzzwecke
von Flyern.

1.

2.

3.

4.

5.

10 Vorteile von Flyern kennen

Nennen Sie drei Vorteile von Flyern
gegenüber vielen anderen Druckpro-
dukten.

1.

2.

3.

5.1 Lösungen

5.1.1 Entwurf

1 Begriff Kreativität kennen

Kreativität ist die Fähigkeit, neue Lösungsmöglichkeiten zu entdecken. Kreative Lösungen basieren auf Erfahrungen, gelernten Informationen und der Fähigkeit, Probleme zu erkennen.

2 Einschränkungen für Kreativität benennen

Einschränkungen der Kreativität sind:
- Kostenrahmen
- Konkrete Vorgaben des Kunden
- Vorgaben durch das CD
- Rechtliche Vorschriften
- Bestehende Produkteigenschaften
- Konkurrenzsituation
- Marktdaten
- Bereits vorangegangene oder verworfene Konzepte
- Vorgegeben Zielgruppe
- Zeitvorgaben

3 Anregungen für Kreativität benennen

Anregungen für Kreativität sind:
- Ursachen einer Maßnahme
- Ziele einer Maßnahme
- Mehrwert für den Kunden
- Gewährte Freiheiten
- Offenheit für Veränderungen

4 Begriff „Ideenkiller" beschreiben

„Ideenkiller" sind kritische, wertende und persönlich verletzende Bemerkungen zu einer Idee in der Anfangsphase eines Projektes.

5 Beispiele für „Killerphrasen" nennen

- Das funktioniert nie.
- Die Idee würde unser Kunde niemals akzeptieren.
- Was soll denn daran originell sein?
- Damit kann ja jeder kommen!
- Das haben wir doch alles schon versucht.
- Alles viel zu teuer.
- Mit dem Vorschlag machen wir uns doch lächerlich.
- Das ist gegen die Vorschriften.
- Zu altmodisch/modern ...
- Zu kompliziert ...
- Meine Meinung steht eh schon fest.

6 Zielformulierung erstellen

Der Newsletter motiviert die Kunden, eine Winterinspektion bei ihrem Fahrzeug durchführen zu lassen.

7 Gründe für die Visualisierung von Ideen nennen

- Visualisierungen machen Ideen für andere verständlich.
- Scribbles erleichtern es, andere von einer Idee zu begeistern.
- Visualisierungen verstärken die innere Bildassoziation und führen häufig zu weiteren ausbaufähigen Ideen.

8 Kreativitätstechniken benennen

- Mindmapping
- Brainstorming
- 6-3-5-Methode
- Morphologische Matrix

9 Mindmapping beschreiben

Das Thema wird in der Mitte des Blattes notiert. Schlüsselwörter werden darum herum notiert und als Hauptäste mit dem Thema verbunden. Die Hauptäste können nochmals in Zweige untergliedert werden.

© Springer-Verlag GmbH Deutschland 2018
P. Bühler, P. Schlaich, D. Sinner, *Printdesign*, Bibliothek der Mediengestaltung,
https://doi.org/10.1007/978-3-662-54609-3

10 Brainstorming erläutern

a. Brainstorming dient zur Ideenfindung und Problemlösung.
b. Brainstorming-Regeln:
- Alle Ideen sind erlaubt.
- Kritik und Wertung sind verboten.
- Kommentare sind verboten.
- Jede Idee ist eine Leistung der Gruppe.
- Quantität vor Qualität
- Jeder soll seine Ideen schnell und ungehemmt formulieren.

11 6-3-5-Methode erläutern

Der Leiter des Brainwritings bereitet Formblätter mit der Fragestellung vor. 6 Teilnehmer schreiben 3 Lösungsvorschläge in 5 Minuten auf ein Formblatt. Danach gibt jeder sein Formblatt an seinen Nachbarn weiter. Dieser entwickelt die Idee weiter oder schreibt eine völlig neue Idee auf.

12 Morphologische Matrix beschreiben

Zuerst werden Parameter festgelegt, die die Merkmale des Problemfeldes benennen, diese werden untereinander, als Zeilentitel, geschrieben. Dann werden alle möglichen Ausprägungen der gewählten Merkmale rechts daneben in die Zeilen geschrieben. So entsteht eine Matrix, in der jede Kombination von Ausprägungen aller Merkmale eine theoretisch mögliche Lösung ist.

13 Den Sinn von Entwurfstechniken verstehen

- Die Umsetzung dominiert das Handeln, wenn man nicht gleich weiß, wie die Idee umgesetzt werden kann, ist die Versuchung groß, diese Idee zu verwerfen.

- Es werden nur Schriften in Erwägung gezogen, die installiert sind oder bekannt sind.
- Strichstärken, Farben und Formate müssen bereits definiert werden, ehe man anfangen kann. Man geht dadurch viel zu schnell ins Detail und verliert effektiv Zeit.

14 Entwurfstechniken anwenden

a. Flattersatz:

b. Blocksatz:

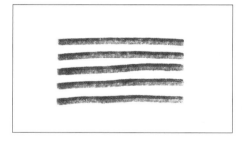

15 Entwurfstechniken anwenden

5.1.2 Gestaltungselemente

1 Einsatz eines Hochformates kennen

Das Hochformat eignet sich besonders gut für textlastige Produkte.

2 Einsatz eines Querformates kennen

Das Querformat eignet sich gut für Printmedien mit einem hohen Bildanteil.

3 Einsatz eines quadratischen Formates kennen

Quadratische Formate werden häufig für ungewöhnliche Produkte verwendet, z. B. für Kunstprospekte, Designkataloge und Ähnliches, um diese aus der Masse der Publikationen herauszuheben.

4 Formate wirtschaftlich auswählen

Die Rohpapiergrößen orientieren sich an den DIN-Formaten, daher sind diese Formate besonders wirtschaftlich produzierbar, es fällt wenig Papierabfall an. Ein weiterer wirtschaftlicher Faktor ist die Nutzbarkeit eines Formates für Inhalte, manche Formate erlauben mehr Inhalt, andere Formate bieten weniger Fläche für Inhalt.

5 DIN-Formate kennen

- DIN-A-Reihe: Zeitschriften, Prospekte, Geschäftsdrucksachen, Karteikarten, Postkarten
- DIN-B-Reihe: Ordner, Mappen
- DIN-C-Reihe: Normumschläge

6 Farbkombinationen erläutern

a. Unter Farbdreiklang versteht man die gleichabständige Auswahl von drei Farben aus einem Farbkreis.

b. Unter Farbvierklang versteht man die gleichabständige Auswahl von vier Farben aus einem Farbkreis.

7 Farbvierklang analysieren

Nein, sie sind aus einer Seite des Kreises entnommen, deshalb besteht keine Gleichabständigkeit.

8 Farbkontraste kennen

- Simultankontrast
- Komplementärkontrast
- Warm-Kalt-Kontrast
- Hell-Dunkel-Kontrast
- Quantitätskontrast
- Qualitätskontrast
- Farbe-an-sich-Kontrast

9 Typografische Begriffe kennen

A Versalhöhe
B Oberlänge
C Mittellänge/x-Höhe/Höhe der Gemeinen
D Unterlänge
E Serifen
F Grundlinie/Schriftlinie

10 Kriterien für die Schriftwahl nennen

- Einheitliche Wirkung des Schriftbildes
- Breite der Buchstaben
- Proportionen der Mittel-, Ober- und Unterlängen
- Laufweite der Buchstaben
- Bandwirkung einer Schrift
- Serifen, An- und Abstriche
- Strichstärkenkontrast
- Auszeichnungsmöglichkeiten und verfügbare Schriftfamilie
- Eignung für Schriftmischungen
- Aussehen der Ziffern

11 Regeln zur Schriftmischung kennen

- Schriften innerhalb einer Schriftfamilie können miteinander kombiniert werden.
- Schriften mit gleichartigem Duktus und ähnlichen Proportionen lassen sich gut mischen.
- Es sollten bei einer Schriftmischung deutliche Kontraste gesetzt werden. Dies erhöht die Aufmerksamkeit.

12 Schriftmischungsregeln anwenden

a. Schreibschrift + Serifenschrift
b. Gebrochene Schrift + Serifenschrift
c. Serifenbetonte Schrift + Serifenlose Schrift
d. Serifenlose Schrift + Handschrift

13 Bildausschnitt festlegen

Die Festlegung des Bildausschnitts ist eine bewusste gestalterische Entscheidung. Sie wird im Wesentlichen durch die gewünschte Bildaussage geleitet.

14 Beleuchtungsrichtungen kennen

a. Frontlicht strahlt in der Achse der Kamera auf das Motiv. Das frontal auftreffende Licht wirft keine Schatten, das Motiv wirkt dadurch flach.
b. Seitenlicht beleuchtet das Aufnahmeobjekt seitlich, es ist die klassische Lichtrichtung und bewirkt ausgeprägte Licht- und Schattenbereiche.

15 Mit Bildebenen gestalten

a. Das untere Bild.
b. Die Wirkung wird vor allem durch die schrägere Perspektive, die Linienführung und die Einbeziehung des Hintergrundes (Himmel) erzielt.

5.1.3 Seitengestaltung

1 Konstruktionsarten für Satzspiegel benennen

- Konstruktion durch Diagonalzug (Villard'sche Figur)
- Neunerteilung bzw. Zwölferteilung
- Seiteneinteilung nach dem Goldenen Schnitt

2 Satzspiegelkonstruktion kennen

- Bundsteg
- Kopfsteg
- Außensteg
- Fußsteg

3 Fachbegriffe definieren

a. Der Satzspiegel ist die Festlegung der bedruckten Fläche auf dem Seitenformat. Sie wird mit Text, Bildern und Grafik gefüllt. Aus dem Satzspiegel ergibt sich die Größe des ungenutzten Papierrandes, der in einem ästhetischen Verhältnis zur Nutzfläche stehen sollte.
b. Das Seitenlayout ist die Darstellung eines Entwurfs einer Drucksache oder einer Internetseite. Die Visualisierung des Drucklayouts zumeist auf Doppelseiten vermittelt einen Eindruck über das Aussehen eines Auftrages und dessen Ausführung. Texte und Bilder sind meistens Blindtext und Dummybilder.
c. Das Gestaltungsraster ist ein Konstruktionssystem, das es erleichtert, Informationen in einem durchgängigen Schema klar zu strukturieren. Die Konstruktion aus horizontalen und vertikalen Linien und Flächen, innerhalb eines Koordinatensystems, ermöglicht ein durchgängiges Design von Medien. Das Ziel ist eine Anord-

nung von Schrift, Bild, Farbe, Fläche und Raum, damit ein systematisches, zweckgerichtetes und lesefreundliches Design entsteht.

4 Prinzip des modularen Gestaltungsrasters erklären

Der Satzspiegel wird in gleichmäßige, gleich große Zellen aufgeteilt. Texte und Bilder können insofern variiert werden, als eine beliebige Anzahl von Modulen in Höhe und Breite von Texten bzw. Bildern belegt werden können. Größen, die nicht mit den Modulen übereinstimmen, sind meist nicht zulässig.

5 Einsatzmöglichkeiten des modularen Gestaltungsrasters nennen

- Bücher
- Zeitschriften
- Zeitungen
- Geschäftsausstattung
- Broschüren

6 Funktionsweise eines Gestaltungsrasters kennen

Ein Gestaltungsraster gibt vor, wo Inhalte in welchen Größen positioniert werden dürfen.

7 Bedeutung eines Gestaltungsrasters kennen

Ein Gestaltungsraster sorgt für Struktur und Ordnung in einem Medienprodukt. Durch die Vorgaben wird ein einheitliches Erscheinungsbild des Medienproduktes erzeugt.

8 Regel des Goldenen Schnitt benennen

Das Verhältnis des kleineren Teils zum größeren ist wie der größere Teil zur Gesamtlänge der zu teilenden Strecke. Die Anwendung dieser Regel ergibt als Verhältnis immer etwa 1:1,618.

9 Absatz- und Zeichenformate kennen

Absatzformate formatieren einen ganzen Absatz. Zur Auswahl genügt es, die Einfügemarke im Absatz zu setzen. Zeichenformate formatieren einzelne Zeichen innerhalb eines Absatzes. Zur Auswahl müssen alle zu formatierenden Zeichen markiert werden.

10 Textrahmen verketten

Durch die Verkettung fließt der Text bei zunehmender Textmenge automatisch in den nächsten Textrahmen. Übersatztext wird so vermieden.

5.1.4 Printmedien

1 Geschäftsdrucksachen gestalten

- Heftrand: 25 mm
- Höhe Briefkopf: 45 mm
- Breite Adressfeld: 80 mm
- Höhe Adressfeld: 45 mm

2 Geschäftsdrucksachen gestalten

- Firmenbezeichnung oder Name der Privatperson
- Rechtsform des Unternehmens
- Ladungsfähige Anschrift
- Steuernummer oder USt-IdNr.
- Ausstellungsdatum der Rechnung
- Rechnungsnummer
- Angaben zu gelieferten Produkten oder erbrachten Dienstleistungen
- Nach Steuersätzen aufgeschlüsseltes Entgelt
- Registergericht (wenn vorhanden)
- Handelsregisternummer (wenn vorhanden)

3 Geschäftsdrucksachen gestalten

- Geschäftsbriefbogen
- Briefumschläge
- Visitenkarten

4 Geschäftsdrucksachen gestalten

- Image-Mappen
- Broschüren
- Schreibblocks
- Flyer
- Plakate
- Beklebung von Firmenfahrzeugen
- Fahnen
- Schilder
- Textilien
- Rollups, Messestand

5 Geschäftsdrucksachen gestalten

- Einheitlich gestalten.
- Klare, gut lesbare Schriften
- Übersichtliche und logische Anordnung der einzelnen Bestandteile der Unternehmensdarstellung
- Firmenlogo immer gleichartig verwenden.
- Farben zurückhaltend einsetzen.
- Normvorgaben einhalten.

6 Elemente einer klassischen Werksatzseite benennen

A Lebender Kolumnentitel
B Grundtext/Bodytext
C Fußnoten (hier durch Linie abgetrennt)
D Toter Kolumnentitel

7 Fachbegriffe erklären

- Hurenkind (Witwe): Die letzte Zeile eines Absatzes steht alleine am Anfang einer neuen Spalte oder Seite.

- Schusterjunge: Wenn eine Spalte nach der ersten Zeile eines neuen Absatzes umbrochen wird, so wird diese allein am Ende der Spalte stehende Zeile als Schusterjunge bezeichnet.

8 Motiv- und Emotionssysteme kennen

- Balance: Sicherheit, Stabilität, Verlässlichkeit, Kontinuität, Geborgenheit, Geselligkeit, Gemeinschaft
- Stimulanz: Entdeckung, Interesse, Abwechslung, Individualität, Unterhaltung, Belohnung, Fröhlichkeit
- Dominanz: Konkurrenz, Verdrängung, Aktivität, Macht, Durchsetzung, Status, Autonomie, Fortpflanzung, Attraktivität, Eroberung

9 Einsatzzwecke von Flyern kennen

- Information über Veranstaltungen, Feste, Partys
- Werbung für Aktionen
- Werbliche Informationen über Unternehmen und Produkte
- Technische, sachliche Informationen über Produkte
- Listen

10 Vorteile von Flyern kennen

- Schnelle Produktion
- Günstige Weiterverarbeitung
- Technisch einfache Herstellung
- Einfache Verbreitung

5.2 Links und Literatur

Links

Corporate Design Manuals
http://www.designtagebuch.de/wiki/corporate-
design-manuals

Schriftartenerkennung
www.myfonts.com/WhatTheFont

Typografielexikon von Wolfgang Beinert
www.typolexikon.de

Literatur

Joachim Böhringer et al.
Kompendium der Mediengestaltung
I. Konzeption und Gestaltung
Springer Vieweg 2014
ISBN 978-3642545801

Joachim Böhringer et al.
Kompendium der Mediengestaltung
III. Medienproduktion Print
Springer Vieweg 2014
ISBN 978-3642545788

Peter Bühler et al.
Digitales Bild
Springer Vieweg 2017
ISBN 978-3662538920

Peter Bühler et al.
Typografie
Springer Vieweg 2017
ISBN 978-3662539118

Peter Bühler et al.
Zeichen und Grafik
Springer Vieweg 2017
ISBN 978-3662538494

Mario Pricken
Kribbeln im Kopf
Schmidt Hermann Verlag 2010
ISBN 978-3874397971

S3, 1: Autoren
S5, 1: Autoren
S6, 1: Autoren
S8, 1: Autoren
S9, 1, 2: Autoren
S10, 1, 2a, 2b: Autoren
S11, 1, 2a, 2b: Autoren
S12, 1: Autoren
S16, 1: Verschiedene Werbeprospekte der Tirol Werbung GmbH
S17, 1: Werbeprospekt der Bundeszentrale für gesundheitliche Aufklärung
S17, 2: Autoren
S18, 1: Autoren
S19, 1: Autoren
S20, 1, 2, 3: Autoren
S21, 1, 2a, 2b, 3a, 3b, 4a, 4b: Autoren
S22, 1, 2a, 2b: Autoren
S23, 1, 2a, 2b, 3a, 4a, 4b: Autoren
S24, 1: Autoren
S25, 1: Autoren
S26, 1: Autoren
S27, 1: Flyer „Music meets Dance"
S27, 2: Langnese-Verpackung „Capri"
S27, 3: Werbeanzeige von Garofalo
S28, 1: Autoren
S30, 1a, 1b, 2, 3: Autoren
S31, 1, 2a, 2b: Autoren
S32, 1a, 1b, 2b, 3a, 3b: Autoren
S33, 1: Autoren
S34, 1: Autoren
S35, 1, 2: Autoren
S37, 1a, 2a, 2b, 3a, 3b: Autoren
S38, 1: Autoren
S39, 1: Autoren
S40, 1: Autoren
S41, 1: Autoren
S42, 1, 2: Autoren
S43, 1: Autoren
S44, 1, 2, 3: Autoren
S45, 1, 2, 3: Autoren
S46, 1: Heidelberg Nachrichten, Ausgabe 280, 2017
S47, 1: test, Ausgabe Januar 2018
S48, 1: Super illu, Nr. 42, 12.10.17
S50, 1a, 1b, 2a, 2b: Autoren

S51, 1, 2, 3: Autoren
S52, 1a, 1b, 2: Autoren
S53, 1, 2, 3: Autoren
S57, 1: Autoren
S58, 1a: Schöttle Fensterbau GmbH
S58, 1b: Süddeutsche Zeitung GmbH
S58, 2b: www.designtagebuch.de/wiki/corporate-design-manuals (Zugriff: 03.11.13)
S58, 3b: www.designtagebuch.de/wiki/corporate-design-manuals (Zugriff: 03.11.13)
S60, 1, 2: www.designtagebuch.de/wiki/corporate-design-manuals (Zugriff: 03.11.13)
S61, 1a, 1b, 2a, 2b: www.designtagebuch.de/wiki/corporate-design-manuals (Zugriff: 03.11.13)
S63, 1: Autoren
S65, 1: Autoren
S69, 1: www1.onleihe.de (Zugriff: 30.12.17)
S69, 2a: www1.onleihe.de (Zugriff: 30.12.17)
S69, 2b: www1.onleihe.de (Zugriff: 30.12.17)
S71, 1a und 1b: Astra-Bier, Holsten-Brauerei AG
S72, 1a: Alete, Nestlé Deutschland AG
S72, 1b: HUK-Coburg
S73, 1a: NKL, GKL Gemeinsame Klassenlotterie der Länder
S73, 1b: Maggi, Nestlé Deutschland AG
S74, 1a: Volkswagen
S74, 1b: Head, HTM Sport GmbH
S75, 1: Axe, Unilever Deutschland GmbH
S75, 2a: Andreas Stihl AG & Co. KG
S75, 2b: Dolce & Gabbana
S76: Burger King
S77, 1a: Verkehrsbetriebe Zürich
S77, 1b: Sixt
S78: Bundesministerium für Bildung und Forschung
S79, 1a: Vitra Design Museum
S79, 1b: Amt für Schulen, Bildung und Wissenschaft
S79, 2a: Dekra
S79, 2b: Appenzellerland
S79, 2c: Abenteuerpark Immenstaad
S79, 2d: Stadtwerke Konstanz
S80: Autohaus Gohm + Graf Hardenberg GmbH
S81, 1: Obi

S81, 2: Aldi Süd
S81, 3: Kaufland
S82, 1: Bregenzer Festspiele
S82, 2a und 2b: Zirkeltraining
S83, 1: typoPAGE 01.2010
S83, 2: typoPAGE 01.2010
S84, 1 bis 4: Autoren
S85, 1: Autoren
S87, 1: Autoren
S89, 1, 2, 3: Autoren

5.4 Index

Printed by Wilco bv, the Netherlands